Abschlüsse ohne Schulbesuch

Über die Autorin

Luise Fuchs (*1989) besuchte insgesamt 10,5 Jahre zwei Schulen - eine alternative und kurze Zeit eine private. Danach lernte sie ein Jahr frei und legte 2007 das externe Abitur ab. Sie ist heute freiberufliche Hebamme und lebt in Freiburg. Außerdem leitet sie Kurse für Eltern und Pädagogen zum bindungsbasierten Entwicklungsansatz von Gordon Neufeld.

2012 erschien ihr -E-Book *Freilernbildung. Wie Homeschooling gelingt.* Zudem ist sie Lektorin und Mitherausgeberin von zahlreichen Büchern zum Thema Bildungsfreiheit im Genius Verlag. Sie engagiert sich seit 2008 als Referentin in Sachen Bildungsfreiheit mit Schwerpunkt Freilernen.

www.luisefuchs.de

ABSCHLÜSSE OHNE SCHULBESUCH

Ein Handbuch zur externen Prüfung

Bibliografische Information der Deutschen Nationalbibliothek:
Die Deutsche Nationalbibliothek verzeichnet diese Publikation in der Deutschen Nationalbibliografie; detaillierte bibliografische Daten sind im Internet über http://dnb.dnb.de abrufbar.

2. überarbeitete Neuauflage (3)

© 2021 Luise Fuchs

1. Auflage erschienen 2012 im Autumnus Verlag

Lektorat: Johann Winterhager

Coverbilder:
Vorderseite: DZM/iStock-Fotolizenz
Rückseite: Privataufnahme von Kristin Wethmar

Herstellung und Verlag: BoD – Books on Demand, Nordersted

ISBN: 978-3-752-662-207

Inhalt

VORWORT

Vor gut acht Jahren ist mein Ratgeber zum ersten Mal erschienen. Da das Thema immer noch aktuell ist, habe ich das Buch überarbeitet und diese erweiterte Neuausgabe gestaltet.

Ich freue mich, dass die Möglichkeit, einen Abschluss ohne Schulbesuch zu machen, in den letzten Jahren immer bekannter geworden ist und, zumindest von Freilernern, häufiger genutzt wird. Dies ist jedoch auch ein Buch für Interessierte jeden Alters, die sich auf einen Schulabschluss vorbereiten wollen. Wer sich auch dafür interessiert, wie man ein Leben ohne Schule gestalten kann, bevor es um einen Abschluss geht, findet im Anhang dazu Anregungen und Buchempfehlungen.

Es ist heute nicht mehr ganz so exotisch, wie zu der Zeit, als ich selbst mein Abitur extern abgelegt habe – vor nunmehr 14 Jahren. Zunehmend berichten auch Zeitungen über den Erfolg externer Absolventen.

Erfreulicherweise ist es, durch die wachsenden Vernetzungsmöglichkeiten über das Internet, heute noch leichter geworden, Gleichgesinnte zu finden, sich auszutauschen und sich (weiter) zu bilden.

Was damals wie heute gilt, ist dass das Lernen ohne Schule auch Mut erfordert, für sich und seine Bedürfnisse einzustehen und auch Gegenwind aushalten zu müssen, wenn man sich abseits der viel begangenen Bildungspfade begibt.

Nun hoffe ich, dass du in diesem Buch viele Anregungen findest, wie du deinen Abschluss selbst in die Hand nehmen kannst. Nur Mut und viel Erfolg!

I. KLÄRUNGSPHASE

Wenn du einen Schulabschluss haben möchtest, musst du in die Schule gehen – glauben die meisten... Wenige dagegen wissen, dass es auch möglich ist, seinen Schulabschluss in Deutschland *extern* zu machen, das heißt, nicht als SchülerIn einer (weiterführenden) Schule. Das bedeutet, dass du dich ohne Schulbesuch für die Abschlussprüfungen anmelden und dich selbstständig darauf vorbereiten kannst.

Jeder Schulabschluss – egal ob Haupt-, Realschulabschluss oder Abitur – kann extern erlangt werden. Externe Schulabschlüsse sind vor allem unter den Namen „Schulfremdenprüfung", „Nichtschülerprüfung", „Fremdenprüfung" oder auch „Begabtenabitur" bekannt. Die vielen Bezeichnungen machen es nicht gerade leichter, sich in dem Wald an Informationen diesbezüglich zurechtzufinden. Erst recht, da die Prüfungszulassung als solche in den Bundesländern unterschiedlich geregelt sein kann.

Das vorliegende Handbuch soll zeigen, wie man ohne Schule seinen Abschluss schafft und Menschen vorstellen, die erfolgreich Externenprüfungen abgelegt oder solche begleitet haben. Es werden Fragen zu Voraussetzungen, zur richtigen Vorbereitung auf Prüfungssituationen und zur Anerkennung geklärt. Damit möchte ich all jenen Mut machen, die das Wagnis der externen Prüfung eingehen wollen.

Es gibt zahlreiche Gründe, nicht mehr zur Schule gehen zu wollen oder zu können, wie wir im Verlauf des Buches noch sehen werden. Auf einen Schulabschluss braucht man dennoch nicht zu verzichten. Dafür gibt es die Möglichkeit der externen Abschlussprüfungen. Bekannt sind externe Abschlüsse in Deutschland aus sogenannten Schulverweigererprojekten. Eingeführt wurden sie vor allem für Jugendliche, die prominent, im Profigeschäft, hochbegabt, straffällig geworden, in der Erziehungshilfe oder verhaltensauffällig sind; ebenso für Kinder von Diplomaten, Künstlern, Soldaten, Seeleuten oder für Menschen, die erst später im Leben einen Abschluss nachholen möchten.

Insbesondere für Homeschooler, Freilerner oder Unschooler kann die Möglichkeit eines externen Abschlusses interessant sein.

Mein Standpunkt ist, dass du die Zeit, die du im Klassenzimmer absitzen müsstest, außerhalb der Schule sinnvoller für dich nutzen und trotzdem den Abschluss schaffen kannst. Ein externer Schulabschluss spart meistens Zeit. All die Zeit, die in der Schule der Disziplinierung und Aufbewahrung von Schülern gewidmet ist, fällt weg. Wie ich darauf komme, wird bei der Lektüre von Büchern über das Thema Freilernen deutlich, insbesondere bei John Taylor Gatto in seinem Buch *Verdummt noch mal. Was Kinder in der Schule wirklich lernen*, welches ich sehr empfehlen kann.

Ich wünsche dir, dass du durch deine eigenständige Vorbereitung Zeit gewinnst, die du mit dem echten Leben verbringen kannst. Ich wünsche dir sehr, dass du erst dann darüber nachdenkst, einen Schulabschluss zu machen, wenn du entweder schon eine gute Zeit des Freilernens hinter dir hast – oder sie noch vor dir liegt und du einfach sicher gehen möchtest, dass es trotzdem möglich ist, einen Abschluss zu machen. Ich kann dir dazu nur wärmstens das Teenager-Befreiungshandbuch von Grace Llewellyn empfehlen, welches mich als 19-Jährige sehr begeistert hat und an dem ich als 25-Jährige genauso begeistert bei der Aktualisierung mitgearbeitet habe. In diesem Buch findest du viele Geschichten von Jugendlichen, die den Mut hatten, aus der Schule zu gehen und dadurch wunderbar ihren Interessen folgen konnten.

Wenn du schon weißt, dass du eine Ausbildung oder ein Studium machen willst, solltest du wissen, dass es in manchen Fällen nicht erforderlich ist, einen Schulabschluss vorzuweisen. An bestimmten Instituten und Lehrstätten gibt es spezielle Aufnahmeprüfungen für Bewerber ohne Abschluss. So ist es zum Beispiel möglich, an diversen Kunst-, Musik- und Sporthochschulen ohne Hochschulreife, sondern nur mit Realschulabschluss oder in Ausnahmefällen auch ganz ohne Abschluss, zu studieren. Am besten informierst du dich konkret bezüglich deines Berufswunsches an den Hochschulen deines Interesses direkt.

Eine klare Motivation, wofür du den Aufwand eines Schulabschlusses treibst, ist also sehr wichtig!

(Noch) macht es jedoch vieles einfacher, wenn du einen Schulabschluss hast.

Brauchst du wirklich einen Abschluss für das, was du machen möchtest? Und wenn ja, welchen genau? Und dann richte deine Fächerwahl danach aus, dass du dich sicher fühlst, zu bestehen (s. S. 36). Bedenke: Du hast nur einen Versuch pro Jahr, inklusive Nachprüfung. Oder du trittst im nächsten Jahr wieder an. Ich möchte dir jedoch durch alle hier aufgeführten Tipps und Hinweise dabei helfen, es mit dem geringstmöglichen Aufwand beim ersten Mal zu schaffen.

Ich empfehle dir, nach oder während der Lektüre all deine Fragen aufzuschreiben und sie mit jemandem, dem du vertraust - am besten mit deinen Eltern - durchzugehen, damit deine Motivation deutlich wird und du dich daran immer wieder erinnern kannst, wenn es zwischendrin mal schwierig wird. Mache dir klar, was du erreichen willst! Und wenn die Externenprüfung dein Weg ist, stelle dir vor, wie du zufrieden und glücklich dein Abschlusszeugnis in Händen hältst!

Warum überhaupt extern?

Bei deiner Vorbereitung auf die Prüfung kannst du viel über dich lernen. Du kannst lernen, dich einem Projekt zu verschreiben, dich vorzubereiten, selbst zu strukturieren, dir Pausen zu gönnen, dich mit einer Materialvielfalt vorzubereiten, innezuhalten, wenn du etwas Spannendes entdeckt hast und vieles mehr. Beantworte für dich in diesem Schritt die Frage, warum du deinen Schulabschluss extern machen möchtest! Hier ein paar Richtungen, in die es gehen kann:

— Weil du Freilerner bist und du trotzdem einen Abschluss haben möchtest.

— Weil es dir in der Schule aus verschiedenen Gründen nicht gut ging und du dort nicht lernen konntest.

— Weil du dich von überall aus vorbereiten kannst und das vielleicht besser ins Familienleben passt.

— Weil du so lernen willst, wie es dir entspricht.

— Weil du dir die Vorbereitung selber einteilen kannst, du so viel mehr geschafft bekommen kannst und mehr Zeit bleibt für andere Sachen, die dir Spaß machen.

— Aber auch, weil du dir die Zeit nehmen kannst, die du brauchst (dabei solltest du aber nicht die Anmeldefrist ganz vergessen...)

... Was ist deine Motivation? Was willst du lernen? Schreibe alles auf!

Was ist mit der Schulpflicht?

Zunächst einmal sollten wir zwischen der allgemeinen Schulpflicht und der Berufsschulpflicht unterscheiden. Die allgemeine Schulpflicht gilt in Deutschland 9 bis 12 Jahre, je nach Bundesland. Sie ist in Deutschland eine „Schulbesuchspflicht", und kann zwangsweise, also mit Polizeigewalt, durchgesetzt werden („Schulzwang"). Die Eltern eines Kindes, das nicht zur Schule geht, begehen in den meisten Bundesländern eine Ordnungswidrigkeit, die mit einer Geldbuße geahndet werden kann, in wenigen Bundesländern kann darüber hinaus unter bestimmten Voraussetzungen eine Straftat vorliegen, die mit Geldstrafe oder Freiheitsstrafe bis zu sechs Monaten bestraft wird. Seit 2008 wurde in die gesetzlichen Bestimmungen zur Kindeswohlgefährdung (nach §1666 BGB) auch das Gebot, die Schulpflicht einzuhalten, mit aufgenommen und somit kann eine dauernde Schulpflichtverletzung einen Sorgerechtsentzug zur Folge haben. Klagende Eltern aus Deutschland sind bisher vor dem Bundesverfassungsgericht und auch vor dem Europäischen Gerichtshof für Menschenrechte gescheitert. Soweit zur Tragweite der Schulpflicht. Es ist ein sehr komplexes Thema und sollte mit Bedacht und angemessener Vorsicht angegangen werden. Dies bedeutet jedoch nicht, dass es keine Möglichkeiten für Freilerner in Deutschland gibt.

Zusatz 2020/2021: In sogenannten Pandemiezeiten kann ein Ruhenlassen der Präsenzpflicht aus gesundheitlichen Gründen (eigenen oder familiären), je nach Bundesland, möglich sein.

Nach der allgemeinen Schulpflicht gilt gegebenenfalls noch eine Berufsschulpflicht. Es gibt Bundesländer, in denen unter bestimmten Bedingungen keine Berufsschulpflicht mehr gilt. Darauf gehe ich weiter unten ein. Die allgemeinen Schulpflichtjahre sind die, die am schwierigsten zu umgehen sind.

Informationen und Beratung zu Schulpflichtfragen für Deutschland können hier gefunden werden:

www.bvnl.de (Bundesverband Natürlich Lernen!)
www.freilerner-solidargemeinschaft.de
www.freilerner-kompass.de/kompass
www.kern-bildung.de
www.clonlara.de

Buchempfehlungen dazu findest du im Anhang.

Dies sollte dich jedoch nicht entmutigen! Es gibt immer wieder auch Lücken und Schlupflöcher, wie du im Verlauf feststellen wirst. Und: Insbesondere, wenn du nur noch berufsschulpflichtig bist, besteht die Chance, dass du durch den Verweis auf deine Vorbereitung auf einen Schulabschluss der Schulpflicht Genüge tust. Die besten Chancen hast du, wenn du mindestens 16 Jahre alt bist. Was einen Abschluss betrifft, ist das ja auch das Alter, in dem das Thema am ehesten aufkommt. Die hier im Buch vorgestellten Absolventen konnten die

Schulpflicht insofern umgehen, weil sie einen Auslandswohnsitz hatten, durch Beurlaubung von der (Privat-) Schule für einen Studienaufenthalt im Ausland, durch individuelle Vereinbarungen mit dem Schulamt, weil sie sich reisend gemeldet hatten (ohne festen Wohnsitz), weil sie Schüler der Clonlara-Schirmschule (siehe Anhang) oder alt genug waren. Wenn du eine dieser Möglichkeiten hast, ist das sehr gut.

In anderen europäischen Ländern gilt eine Bildungspflicht, die Homeschooling, Unschooling beziehungsweise Hausunterricht als Ausnahmeregelung erlaubt. Dies stellt eine relativ sichere Möglichkeit dar, die durch Auswandern oder das Verlagern des gewöhnlichen Aufenthaltsortes erreicht werden kann. Kindergeld erhält, wer auch in Deutschland einkommenssteuerpflichtig ist, es reicht ein Elternteil. Insbesondere in den englischsprachigen Ländern gibt es eine längere Tradition und diverse Freilerner-Vereinigungen. Eine Abmeldung aus Deutschland kann erfolgen, auch ohne dass man eine neue Meldeadresse hinterlegen muss. Es könnte hilfreich sein, sich eine Postadresse zuzulegen, die der Wohnadresse im Land nicht gleicht. Wer im Ausland gemeldet ist und einen Abschluss machen möchte, könnte sich entweder an das nächstgelegene Bundesland oder das, in dem zuletzt ein Wohnbesitz bestand oder eines, in dem es eine Unterbringungsmöglichkeit gibt (z.B. bei Verwandten), wenden.

Und was sagen deine Eltern dazu?

Ich hoffe sehr, dass dich deine Eltern in deinem Vorhaben unterstützen oder dass deine Eltern vielleicht sogar durch dieses Buch überzeugt werden können! Allein schon der Wunsch, einen Abschluss zu machen und sich gut darauf vorzubereiten, sollte doch überzeugen!

Wenn ihr das Schulpflichtthema, was ja in der Regel das Dringlichste ist, gelöst habt, könnte das Thema Kindergeld und Familienversicherung aufkommen. Der Kindergeldbezug und auch die Familienkrankenversicherung ist bis zu deinem 18. Geburtstag nicht an den Schulbesuch oder eine Ausbildungssituation gebunden, danach aber schon! Diese Auflage kann unter Umständen durch das Einschreiben bei einer Schirmschule wie Clonlara erfüllt werden.

Vermutlich bewegen deine Eltern neben diesen Formalitäten auch noch andere Dinge. Ich möchte dies an dem Text meines Vaters verdeutlichen, der auch in meinem E-Book *Freilernbildung. Wie Homeschooling gelingt* erschienen ist. Darin kommen einige Aspekte vor, die bei Eltern diesbezüglich eine Rolle spielen können. Ich hoffe auch, dass die weiteren Kapitel des Buches und die Erfahrungsberichte einen Beitrag leisten können, Eltern zu überzeugen. Zudem gibt es auch diverse Internetseiten und Beratungsangebote, die Zweifel ausräumen können. Diese habe ich am Ende angeführt.

Vaterperspektiven

Dr. Stefan Fuchs ist ausgebildeter Mathematiker und seit vielen Jahren Geschäftsführer einer IT- und Beratungsfirma, er hat drei erwachsene Kinder und ist Teil einer Patchworkfamilie mit weiteren drei Kindern. Er schreibt dazu:

Ende 2005, meine Tochter Luise war in der 11. Klasse, da sprach sie vorsichtig davon, die Schule abzubrechen. Was ich davon hielte? Ich kam ins Grübeln. Einerseits besuchte sie ein „gutes" Gymnasium, hatte respektable Noten und schien auf einem sicheren Weg. Andererseits wusste ich von den Folgen von Schulfrust, hatte eine kritische Einschätzung zur Nachhaltigkeit schulischer Wissensvermittlung und deren weitgehende Reduktion auf Faktenwissen. Nicht zu vergessen die mit der Zeit gewachsene Überzeugung, Heranwachsenden tatsächliche Entscheidungsfreiheiten und mithin Verantwortung für ihren Weg zu überlassen.

Letztlich kam ich recht schnell dazu, sie in ihrem Wunsch zu unterstützen. Rückblickend finde ich bemerkenswert, welche Stimmen meinen inneren Dialog anführten, welche Fragen, Gedanken und Befürchtungen mir durch den Kopf gingen. Ich möchte einige davon notieren:

- *Jetzt verlässt sie einen sicheren Weg! Klar nimmt sie dabei Schulfrust mit. Aber das ist der Weg, den die Mehrheit geht, der kann doch so falsch nicht sein. - Seit wann ist etwas richtig, nur weil es die Mehrheit tut?!*

- *Es ist schlimm, wenn sie sich noch eineinhalb Jahre durch die Schule quält. Dann verlässt sie demotiviert die Schule - keine gute Basis für spätere Ausbildungen!*
- *Ohne Abitur verbaut sie sich viele Möglichkeiten! Jetzt steht sie kurz vor dem Abitur – das wird sie doch wohl durchhalten können. Da muss sie sich eben durchbeißen.*
- *Noch ein Problem mit unseren Kindern, oh Gott-oh Gott - oh Gott. Kann denn nicht wenigstens bei einem Kind alles „glatt" laufen? – Was meinst Du mit „glatt laufen"? Meinst Du, dass Du Dir keine Gedanken und Sorgen machen möchtest?*
- *Und was kommt dann, nach dem Schulabbruch, was macht sie dann?*

Letztlich entscheidend für mich war wohl das (spätestens bei diesem inneren Dialog erinnerte) Vertrauen in einen von Luise selbst gewählten Weg. Ich denke, dass ein solches Vertrauen entsteht, wenn Entscheidungen den eigenen Bedürfnissen entsprechend getroffen werden. Es ist dann nicht einmal notwendig, das Nachfolgende zu kennen. Ähnliche Erfahrungen mache ich auch immer wieder auf meinem eigenen beruflichen Weg. Irgendwo habe ich vom Rat einer Großmutter an ihren erwachsenen Enkel gelesen: „Manchmal muss man erst eine Tür zu machen, bevor sich eine neue öffnen kann."

Zurück zur Chronologie der Ereignisse. Ich habe also meine Tochter in ihrer Schulabbruchsentscheidung bestärkt. Nun galt es, die (von mir getrenntlebende) Mutter ins Boot zu holen. Wir drei trafen uns in einem Café. Die Positionen waren rasch klar: Luise will die Schule abbrechen, Mutter sagt Nein, Vater sagt Ja. Alle Argumente kannte ich aus meinem inneren Dialog bereits. Was nun? Um eine Veränderung in der Diskussion herbeizuführen, baten wir Luise, uns eine Weile allein zu lassen. Dann schwiegen sich Vater und Mutter an. Was sollten wir auch argumentieren? Schließlich muss ich so etwas gesagt haben wie: „Es ist ihr Weg. Sie braucht dafür unser beider Unterstützung." Das war´s. So einfach? Irgendwie muss sie ebenso wie ich hin- und hergerissen gewesen sein.

Die nächsten Wochen und Monate brachten für Luise den Ausstieg aus der Schule, verfügbare Zeit und neue Freiheiten, ein Praktikum an der Universität, Auslandsaufenthalte in England, Holland und Frankreich. Zurückgekehrt überlegte Luise, ob sie nun doch das Abitur machen wolle. Es war mittlerweile November. Luise beschloss, das Abitur zeitgleich mit ihrer Schulklasse zu beenden, also ein ganzes Schuljahr aufzuholen. Woher dieser Zeitdruck, und warum überhaupt das Abitur? Ich sah mich in der Verantwortung, Luise mit diesen Fragen zu konfrontieren. Bemerkenswert waren ihre Antworten: Sie wolle sich alle Möglichkeiten offenhalten, die Sache rasch hinter sich bringen. Oha, das kannte ich, das waren die Stimmen aus meinem inneren Dialog. Anders war jetzt freilich, dass sich Luise diese Antworten selbst gab – das machte den Unterschied.

Rückblickend aus dem Heute kann ich sagen, dass diese ganze Geschichte für mich eine wunderbare Lernchance war. Ich musste mich der Frage stellen, was für „mein Kind" gut ist, ob es überhaupt mein ist und noch ein Kind ist. Die Antworten darauf konnte ich nun nicht mehr anderen (Lehrern, Bildungspolitikern) überlassen, auf deren Wirken sich im Alltag so wunderbar und ohne Konsequenzen schimpfen lässt. Ich denke, dass sich diejenigen Heranwachsenden zu einer reifen Persönlichkeit entwickeln, die ihren Weg von ihren Interessen und ihrer Motivation leiten lassen. Solche (intrinsische) Motivation lässt sich nicht in einen Menschen hinein pädagogisieren. Solche Motivation können wir als Eltern nur klein halten oder schlimmstenfalls zerstören. Als Vater kann ich nun den Weg von Luise verfolgen. Ich möchte dabei Ratgeber sein, ohne zu erwarten, dass mein Rat angenommen wird. Ich möchte hinterfragen und auf andere Perspektiven hinweisen, ohne bestimmte Antworten zu erwarten. Das ist eine Form von Loslassen. Loslassen ist vielleicht die größte Herausforderung, vor der wir als Eltern stehen.

***

Wenn dich deine Eltern oder andere erwachsene Bezugspersonen unterstützen, ist der Rest deines Umfeldes weniger wichtig. Dann gibt es vielleicht Menschen, die dich unterstützen und andere weniger. Aber das lässt sich dann meistens besser verkraften. Von allen gemocht werden, kannst du eh nicht. Das war auch für mich eine wichtige Lektion.

Ist ein externer Abschluss anerkannt?

Ja, er ist anerkannt und gegenüber den schulisch erworbenen Abschlüssen absolut gleichwertig. Der einzige Unterschied ist, dass die besondere Art der Prüfung auf dem Zeugnis vermerkt wird. Nach bestandenen Prüfungen steht dort dann z.B., dass du die „Allgemeine Hochschulreife für Schulfremde" erlangt hast.

***

Ich hoffe, du hast die Frage nach deiner Motivation und deiner Ausgangssituation ausreichend geklärt und bist nun bereit für den Teil zur Anmeldung zur Prüfung!

II. ANMELDUNG ZUR PRÜFUNG

Die Prüfungsbezeichnungen, die Zuständigkeit, die Behördennamen und diesbezügliche Gesetze und Verordnungen sind in jedem Bundesland anders geregelt. Das kann etwas verwirrend sein, denn bei 16 Bundesländern mal 3 bis 4 Abschlussarten kommt schon eine Menge an Informationen zusammen. Eine Übersicht findet sich unten. Ich habe die jeweiligen Bezeichnungen der Prüfungen in den jeweiligen Bundesländern hinzugefügt, damit es deine Recherche erleichtert.

Mögliche Bezeichnungen für die Prüfungen: Nichtschülerprüfung, Schulfremdenprüfung, Externenprüfung, Prüfung für andere Bewerber.

Unter diesen Stichworten kannst du für das jeweilige Bundesland suchen, falls ein Link nicht mehr aktuell sein sollte.

Dein Wohnort bestimmt deinen Prüfungsort!
In der Regel kannst du nur in dem Bundesland, in dem dein offizieller Wohnort liegt, eine Prüfung ablegen. In manchen Bundesländern muss man sogar mindestens seit einem Jahr dort gemeldet sein, um dort eine Externenprüfung ablegen zu können. Wenn du gerade einen Auslandswohnsitz hast, dann prüfe, ob du bei Freunden, Verwandten oder Bekannten einen Wohnsitz in Deutschland anmelden kannst, oder mit einem gewissen Vorlauf gar dort wohnen kannst, um dann vor Ort deine Prüfungen abzulegen. Dies hat aber unter Umständen beson-

dere rechtliche Konsequenzen für deine Eltern. Das müsst ihr also als Familie besprechen. Vielleicht kannst du dich in einem angrenzenden Bundesland melden und fragen, ob wegen der Grenznähe eine Prüfung dort möglich ist? Dies war jedenfalls bei einer der hier vorgestellten Absolventinnen möglich.

Falls du dich über eine Institution wie eine Abendschule vorbereitest, ist es gegebenenfalls möglich, in dem Bundesland, in dem diese ihre Niederlassung hat, die Prüfung abzulegen, auch wenn du offiziell im Ausland wohnst.

Voraussetzungen für die Prüfungsanmeldung

- *Alter zum Zeitpunkt der Prüfung beziehungsweise der Anmeldung:* mindestens 16 Jahre. Für das Abitur musst du in der Regel mindestens 18 Jahre alt sein beziehungsweise darfst du es in der Regel nicht eher ablegen, als du es durch den regulären Schulbesuch schaffen würdest.

- *(Haupt-)Wohnsitz:* In manchen Bundesländern musst du, schon mindestens ein Jahr dort gemeldet sein, wo du die Prüfung ablegen möchtest.

- *Kein Schulbesuch:* im Prüfungsschuljahr darf keine Schule besucht werden.

- *Bereits erfolgte Prüfungsteilnahme:* der Abschluss darf noch nicht erworben oder zweimal erfolglos versucht worden sein (das heißt, **einen** Versuch darf man gemacht haben).

- *Bereits erlangte Abschlüsse:* In manchen Bundesländern musst du, bevor du das Abitur ablegen darfst, zuvor einen Realschulabschluss gemacht haben oder einen diesem Abschluss gleichwertigen Bildungsstand (also 10 Jahre Schulbesuch) vorweisen (zum Beispiel in Baden-Württemberg) – im Zweifel fragst du bei der zuständigen Behörde nach, wie du das nachweisen könntest.

Anmeldefristen

… sind von September bis Dezember für eine Prüfung im April, Mai oder Juni des Folgejahres. In Hamburg kann man zwei Mal im Jahr die Prüfung ablegen.

Beachte die Anmeldefrist für deine Externenprüfung und informiere dich über Kriterien, die für eine Anmeldung gelten. Stelle sicher, dass du die Kriterien fristgerecht erfüllen kannst.

Zuständige Landesbehörden für die Prüfungszulassung

Für den Haupt- und Realschulabschluss ist je nach Bundesland die Schule oder eine meist lokale Behörde verantwortlich: Schulamt, Schulverwaltungsamt, Bezirksschulamt.

Für das Abitur je nach Bundesland die Schule oder eine meist höhere Behörde: Oberschulamt, Regierungspräsidium/Abteilung Schule, die Landesschulbehörde, das Kultusministerium des Landes.

Regelungen zu externen Abschlüssen findest du in den Schulgesetzen oder -verordnungen zu den jeweiligen Abschlüssen, meist ist es ein Zusatz (Für das Abitur zum Beispiel in der *Oberstufenordnung oder in der Verordnung für den Hauptschulabschluss*).

Ich habe an dieser Stelle nur die Adressen und Stichwörter veröffentlicht. Zur besseren Übersicht habe ich lange Links gekürzt. Auf Wunsch kann ich dir eine PDF mit den Originallinks zu den einzelnen Prüfungsregelungen schicken. Wende dich dazu gerne über das Kontaktformular auf meiner Website an mich:

www.luisefuchs.de

BADEN-WÜRTTEMBERG
Ministerium für Kultus, Jugend und Sport
Postfach 10 34 42, 70029 Stuttgart
Telefon: 0711/279-0

www.km-bw.de

Als *Schulfremdenprüfung* bezeichnet.

Für den Haupt- und Werkrealschulabschluss:
https://kurzelinks.de/uttd
Für den Realschulabschluss: https://kurze-links.de/el4n
Für das Abitur: https://kurzelinks.de/lr6z

BAYERN
Staatsministerium für Unterricht und Kultus
Salvatorstraße 2, 80333 München
Telefon: 089/2186
www.km.bayern.de
Je nach Abschlussart findest du auf dieser Seite weitere Informationen unter dem Abschnitt: *Abschlüsse für externe Bewerber*
www.km.bayern.de/ministerium/schule-und-ausbildung/abschluesse.html

BERLIN
Senatsverwaltung für Bildung, Jugend und Familie
Bernhard-Weiß-Straße 6, 10178 Berlin
Telefon: 030/90227-5050
https://www.berlin.de/sen/bjf/
Als *Nichtschülerprüfung* bezeichnet.
www.berlin.de/sen/bildung/lebenslanges-lernen/zweiter-bildungsweg/

BRANDENBURG

Ministerium für Bildung, Jugend und Sport

Heinrich-Mann-Allee 107, 14473 Potsdam

Telefon: 0331/8660

www.mbjs.brandenburg.de

Als *Nichtschülerprüfung* bezeichnet.

https://kurzelinks.de/96ng

BREMEN

Die Senatorin für Kinder und Bildung

Rembertiring 8-12, 28195 Bremen

Telefon: 0421/361-13222

www.bildung.bremen.de

Als *Nichtschülerprüfung* bezeichnet.

www.bildung.bremen.de/rechtsgrundlagen-5152

Eine gute Übersicht findest du auch hier:

www.erwachsenenschule.de/unsere-schule/externe-pruefungen

HAMBURG

Behörde für Schule und Berufsbildung

Hamburger Straße 31, 22083 Hamburg

Telefon: 040/428280

www.hamburg.de/bsb/

Als *Externenprüfung* bezeichnet.

Zum Teil mit Gebühren verbunden!

Hauptschulabschluss: keine, Realschulabschluss: 138€, Abitur: 352€ (Stand 2021). Prüfungen werden im Winter und Sommer angeboten. Mehr Infos: www.hamburg.de/bsb/allgemeinbildende-abschlu-esse-externenpruefung/

HESSEN
Kultusministerium
Luisenplatz 10, 65185 Wiesbaden
Telefon: 0611/368-0
www.kultusministerium.hessen.de
Als *Nichtschülerprüfung* bezeichnet.
Zum Teil mit Gebühren verbunden!
Haupt- und Real: keine, Fachhochschulreife: 200€, Abitur: 325€ (Stand 2021).
https://kultusministerium.hessen.de/schulsys-tem/schulformen/schulen-fuer-erwachsene/nicht-schuelerpruefungen

MECKLENBURG-VORPOMMERN
Ministerium für Bildung, Wissenschaft und Kultur
Werderstraße 124, 19055 Schwerin
Telefon: 0385/588-0
www.regierung-mv.de/Landesregierung/bm

Als *Nichtschülerprüfung* bezeichnet.

https://kurzelinks.de/jz18

NIEDERSACHSEN

Kultusministerium

Hans-Böckler-Allee 5, 30173 Hannover

Telefon: 0511/120-0

www.mk.niedersachsen.de

Als *Nichtschülerprüfung* bezeichnet.

https://kurzelinks.de/sdai

NORDRHEIN-WESTFALEN

Ministerium für Schule und Bildung

Völklinger Straße 49, 40221 Düsseldorf

Telefon: 0211/586740

www.schulministerium.nrw.de/

Als *Externenprüfung* bezeichnet.

www.standardsicherung.schulministe-
rium.nrw.de/cms/externenpruefungen/

RHEINLAND-PFALZ

Ministerium für Bildung

Mittlere Bleiche 61, 55116 Mainz

Telefon: 06131/16-0

https://bm.rlp.de/

https://igs.bildung-rp.de/service/nachholen-von-schulabschluessen.html

Als *Nichtschülerprüfung* bezeichnet.

SAARLAND
Ministerium für Bildung und Kultur
Trierer Straße 33, 66111 Saarbrücken

Telefon: 0681/501-00

www.bildung.saarland.de

Als *Abschluss für Nichtschüler* bezeichnet und unter der jeweils gewünschten Abschlussart zu finden.

https://kurzelinks.de/c1nw

SACHSEN
Staatsministerium für Kultus
Carolaplatz 1, 01095 Dresden

Telefon: 0351/564-0

www.smk.sachsen.de

Als *Schulfremdenprüfung* bezeichnet.

Für den Haupt- und Realschulabschluss siehe Teil 4 der Schulordnung: https://kurzelinks.de/oi16

Für das Abitur, siehe Abschnitt 10 der Schulordnung: https://kurzelinks.de/8bee

SACHSEN-ANHALT

Ministerium für Bildung

Turmschanzenstraße 32, 39114 Magdeburg

Telefon: 0391/567-01

https://mb.sachsen-anhalt.de/

Als *Nichtschülerprüfung* bezeichnet.

https://kurzelinks.de/si5t

SCHLESWIG-HOLSTEIN

Ministerium für Bildung, Wissenschaft und Kultur

Brunswiker Straße 16-22, 24105 Kiel

Telefon: 0431/988-0

https://www.schleswig-holstein.de/DE/Landesregierung/III/iii_node.html

Als *Externenprüfung* bezeichnet.

https://kurzelinks.de/803c

THÜRINGEN

Ministerium für Bildung, Jugend und Sport

Werner-Seelenbinder-Straße 7, 99096 Erfurt

Telefon: 0361/57-100 (Behördenzentrale)

www.bildung.thueringen.de/

Thüringer Schulordnung (PDF):

https://kurzelinks.de/c7ea

Haupt- und Realschulabschluss: Siebter Teil, Zweiter Abschnitt, § 69 Externenprüfung und *Abitur*: Achter Teil Oberstufe, Abitur, Abschnitt 3, Externenprüfung ab §108

Mit dieser Übersicht konntest du dich nun genau in die Regelungen deines Bundeslandes und deiner Abschlussart einlesen. Nun kommen wir zum überall notwendigen...

Antrag

Um einen Antrag auf eine Externenprüfung zu stellen, musst du bei der entsprechenden Behörde (siehe Bundeslandübersicht) grundsätzlich die folgenden Unterlagen einreichen:

- Geburtsurkunde, gegebenenfalls ein Passfoto
- Einen Lebenslauf beziehungsweise einen Überblick über deine bisherigen Schulbesuche
- Das letzte Zeugnis, falls vorhanden
- Erklärung über deine Fächerwahl (siehe unten)
- Einen Nachweis über die angemessene Vorbereitung (siehe unten)

Dieser Antrag sollte natürlich umfassend und vollständig sein, sodass daraus hervorgeht, dass du es ernst meinst. Teilweise stellen die Schulbehörden Formulare zur Verfügung, die du dazu nutzen kannst.

Nachweis einer angemessenen Vorbereitung

Dies ist der Knackpunkt deines Antrags. In meinem Antragspunkt über die angemessene Vorbereitung habe ich angeführt, dass ich mich anhand von Schulbüchern, mit Hilfe der Lehrpläne der jeweiligen Fächer, mit alten Prüfungsaufgaben aus den STARK-Heften (wird noch erklärt), mit der Prüfungsliteratur und mit Unterstützung von Mentoren vorbereitet habe. Ich habe für jedes Fach mindestens ein Mentor mit Namen und Beruf genannt. Auch wenn mir dieser konkrete Mensch am Ende vielleicht gar nicht so viel geholfen hatte, wirkt es natürlich überzeugender, wenn da eine ganze Liste an Namen steht. Du kannst auch Nachweise deiner Teilnahme an Sprachkursen o.ä. mit einreichen.

Auch die Dauer deiner Prüfungsvorbereitung spielt an dieser Stelle mitunter eine Rolle. In Hamburg wird in den gesetzlichen Regelungen beispielsweise von einer Vorbereitungszeit von einem Jahr ausgegangen und dementsprechend solltest du es dann auch belegen können.

Fächerwahl

In dem Antrag gibst du auch deine Fächerwahl an. Ich empfehle dir, dabei den für dich einfachsten Weg zu gehen. Dies ist entscheidend für deinen Prüfungserfolg. Das heißt, die Fächer zu wählen, bei denen du deine Chancen am besten einschätzt. Ich empfehle dir, erfolgsorientiert vorzugehen.

Selbstverständlich gibt es keine Vornoten, die mit den Prüfungsnoten verrechnet werden, also ist die Note, die du in der Prüfung bekommst, deine Endnote.

Deutsch, Geschichte beziehungsweise ein Fach der Gesellschaftswissenschaften, Mathematik, eine Fremdsprache (im Abitur zwei) und mindestens eine Naturwissenschaft werden in jedem Fall geprüft. Du wirst vielleicht eine Wahl haben, ob du Fremdsprachen und Naturwissenschaften schriftlich oder mündlich machst. In manchen Bundesländern musst du manche Fächer aber auch mündlich und schriftlich ablegen, zum Beispiel in Baden-Württemberg.

Für den Hauptschulabschluss, Beispiel Baden-Württemberg:

- Schriftlich: Deutsch, Mathematik, Englisch
- Präsentationsprüfung: ein frei gewähltes Thema aus dem Bereich Wirtschaft / Berufs- und Studienorientierung, welches zuvor vom Schulamt genehmigt werden muss

- Mündlich: Deutsch, Mathematik und Englisch sowie eine Naturwissenschaft ODER ein Fach der Gesellschaftswissenschaften.

Für den Realschulabschluss, Beispiel Hamburg:
- Schriftlich: Mathematik, Deutsch und Englisch verpflichtend, ein 4. Wahlfach: Geschichte/Politik, Physik, Chemie oder Biologie
- Mündlich: Deutsch, Mathematik, Englisch, Geschichte/Politik, Biologie, Chemie oder Physik, jeweils mit der Wahl von zwei Schwerpunktthemen.

Für das Abitur deutschlandweit:
Acht Fächer, in der Regel vier schriftliche und vier mündliche. Es kann aber auch sein, dass du für ein Fach schriftlich **und** mündlich geprüft wirst. Das kommt auf dein Bundesland an.
- Deutsch und Mathematik definitiv schriftlich – deine Wahlmöglichkeit dabei: Leistungskurs oder Grundkurs
- Geschichte/Sozialkunde oder Wirtschaft/Recht oder Geographie (Erdkunde) schriftlich oder mündlich (gegebenenfalls als Leistungskurs, dann schriftlich).
- mindestens eine der folgenden Naturwissenschaften: Physik, Biologie oder Chemie.
- Zwei Fremdsprachen: Englisch, Französisch, Griechisch, Italienisch, Latein, Spanisch oder Russisch, gegebenenfalls weitere, schaue in deinem Bundesland nach. Eine

davon auf dem Niveau B2+ (fortgeführte Fremdsprache), die andere auf dem Niveau B1/B2 (beginnende Fremdsprache)

- Das achte Fach kann Kunst oder Musik, Sport, Religion oder Gemeinschaftskunde/Politik, Wirtschaft, oder gegebenenfalls Informatik sein. Das ist von Bundesland zu Bundesland verschieden.

Im Zweifel fragst du wegen der Fächerkombination einfach bei der zuständigen Behörde nach.

Wenn du schon mal im Ausland gelebt hast, ein Elternteil aus einem anderen Land kommt oder du dich schon mal in eine Naturwissenschaft vertieft hast, besonders sportlich bist oder künstlerisch begabt, solltest du das bei deiner Fächerwahl berücksichtigen. Dies hat Auswirkungen sowohl auf deine Vorbereitungszeit als auch auf deinen Notenschnitt.

Beispielhafte Fächerkombination von der Autorin – Schulbesuch bis zum Halbjahr der 11. Klasse mit den Leistungskursen Englisch und Geschichte, Französisch als zweiter Fremdsprache seit der 7. Klasse und der Möglichkeit, ins Ausland zu gehen. Im Mittleren Schulabschluss hatte ich sehr gute Noten in Biologie und Chemie und einen guten Unterricht darin erhalten. Das vierte schriftliche Fach hätte auch eine Naturwissenschaft sein können. Ehrlich gesagt war mir nicht klar, dass ich auch

Kunst, Musik, Sport, Religion oder Gemeinschaftskunde als achtes Fach hätte wählen können. Im Nachhinein bin ich aber froh über meine Wahl, die so aussah:

- *Schriftlich:*
  Deutsch und Geschichte als Leistungskurs
  Englisch und Mathematik als Grundkurs
- *Mündlich:*
  Geographie, Biologie, Chemie, Französisch

Solltest du die Wahlmöglichkeit für ein Fach haben, das an der regulär prüfenden Schule (aber generell am Gymnasium) nicht angeboten wird, kann diese Prüfung vielleicht sogar an einer anderen Schule abgelegt werden.

Du wirst dann in der Regel zunächst für die schriftlichen Prüfungen zugelassen und, wenn du diese bestehst (das heißt, in keinem wichtigen Fach eine 5 oder 6 hast), dann auch für die mündlichen. Die Prüfungszeiträume und wahrscheinlich auch schon die konkreten Prüfungstermine werden dir bei der Zulassung genannt, auch die dir zugeteilte Schule. In manchen Bundesländern könnten jedoch auch die mündlichen Prüfungen zuerst kommen.

Gewichtung der Noten im Abitur

Bei den Abiturprüfungen werden die Fächer noch einmal unterschiedlich gewichtet und mit bestimmten Faktoren multipliziert. Die schriftlichen Leistungskursfächer werden zum Beispiel mit dem Faktor 13 (in Sachsen) multipliziert Diese Fächer solltest du besonders klug wählen: sie machen gut 2/3 deiner Endnote aus. Mündliche Fächer werden nur mit dem Faktor 4 (in Sachsen) multipliziert (damit man auf die Gesamtpunktzahl des Abiturs, die dann wieder in Noten zurückgerechnet wird, kommt).

Falls es knapp wird oder du deinen Notenschnitt verbessern möchtest, kannst du in den schriftlichen Fächern gegebenenfalls eine mündliche **Nachprüfung** ablegen. Dies ist noch eine gute Hintertür, falls es durch Lampenfieber oder Pech bei den Prüfungsthemen am Ende auf der Kippe steht. In einer Nachprüfung wird der Stoff meist noch einmal eingegrenzt. Die beiden Noten werden dann miteinander verrechnet, die Nachprüfungsnote bekommt aber ein geringeres Gewicht. Eine interessante Strategie für die Fächerwahl und Hürden des Abiturs findest du in dem Büchlein *Abi für alle* von Nathanael Neumayer. Er entwirft dabei verschiedene Szenarien, wie man mit Stärken und Schwächen und auch schlechten Noten in einem Fach trotzdem das Abitur schaffen kann.

III. TIPPS ZUR PRÜFUNGSVORBEREITUNG

Begleitung und Unterstützung

Es ist sehr wichtig und hilfreich, dir für deine Vorbereitungszeit fachliche und auch moralische Unterstützung zu holen. Auch rate ich dir, eine regelmäßige, zum Beispiel wöchentliche, Selbstreflexion durchzuführen und Gespräche mit einer Vertrauensperson über deinen Lernfortschritt zu führen.

Folgende Fragen zur Selbstreflexion solltest du ehrlich beantworten. Diese Übung dient deinem Lernfortschritt und habe ich persönlich als sehr wichtig empfunden. Niemand anders kann dich hierbei bewerten als du selbst.

- Wie klappt es mit den Vorbereitungen?
- Wo habe ich Schwierigkeiten? Was hat mir Freude bereitet?
- Konnte ich mich gut motivieren? Was (de-)motivierte mich?
- Wie viel habe ich von dem geschafft, was ich mir vorgenommen habe?
- Was geht schon gut? Wo habe ich Defizite festgestellt?
- Gibt es Ängste oder Sorgen, die bezüglich der Vorbereitung oder anstehender Prüfungen auftauchen?
- Was hat mich frustriert bei den Vorbereitungen?
- Fühle ich mich gut unterstützt? Wen könnte ich um Unterstützung bitten?

- Welches Thema habe ich entdeckt, das ich nach den Prüfungen vertiefen möchte?

Schriftlich oder mündlich, ganz wie es dir am besten liegt! Ich kann eine Art Tagebuch nur empfehlen!

Wenn du *Unterstützung in einzelnen Fächern* benötigst, möchte ich dich ermutigen, dein Netzwerk zu aktivieren. Wenn du im erweiterten eigenen und familiären Freundes- und Bekanntenkreis nachfragst und von deinen Plänen erzählst, wirst du sicher Menschen finden, die dir ihre Unterstützung anbieten können. Viele Erwachsene helfen einem so interessierten, jungen Menschen wie dir sicher gern und freuen sich, ihr Wissen weiterzugeben. Oder vielleicht ist ein früherer Lehrer von dir auch bereit, sporadisch Fragen zu beantworten oder bei bestimmen Themengebieten auszuhelfen. So können problematische Fächer oder Fachgebiete von einem Mentor begleitet werden. Außerdem gibt es auch Nachhilfelehrer, um an einer bestimmten Sache zu arbeiten – was dann meist auch viel effektiver ist als eine regelmäßige, allgemeine schulische „Nachhilfe".

Vorbereitungsdauer

Die Vorbereitungsdauer hängt entscheidend von deinen Vorkenntnissen und deiner individuellen Lernleistung ab. Warst du nur wenige Jahre in der Schule oder hast du sogar schon einen Teil des Prüfungsstoffes in der Schule durchgenommen?

Anfangs solltest du dir einen Überblick über den prüfungsrelevanten Stoff verschaffen, um abschätzen zu können, wie lange du für die Vorbereitungen brauchen wirst. Für eine Abiturvorbereitung sollte man mit mindestens einem Schuljahr rechnen. Du solltest für dich beurteilen, wie du mit einem Zuviel oder Zuwenig an Zeit umgehen würdest. Was wäre für dich schwieriger? Was bist du für ein Lerntyp? Wie wichtig ist für dich Wiederholung? Die Vorbereitungen auf einen Haupt- oder Realschulabschluss sind ungleich kürzer, manchmal nur Wochen beziehungsweise wenige Monate. Lass dich auch von den Erfahrungsberichten in Teil IV des Buches inspirieren.

Am besten verschaffst du dir über das konkrete Durchsehen der Prüfungsbedingungen deines Bundeslandes (siehe vorheriges Kapitel) und mittels der Lehrpläne in den einzelnen Fächern einen Überblick. Je nachdem, wie viel dir neu erscheint, kannst du dich dann für mehr oder weniger Vorbereitungszeit entscheiden.

Wichtig ist natürlich auch, zu schauen, wie es um deine individuellen Möglichkeiten steht. Folgende Fragen könnten dabei hilfreich sein – am besten besprichst du dies alles mit deinen Eltern oder einem vertrauten Erwachsenen: Gibt es familiäre Umstände, die für eine kürzere oder längere Vorbereitung sprechen? Wie gelingt dir das Lernen von nicht selbstbestimmten Inhalten? Wie gut ist dein Kurzzeitgedächtnis? Was bist du für ein Lerntyp? Ist das eigenständige Arbeiten etwas, was dir liegt und was du kennst? Kannst du dir gut selbst Themengebiete erschließen oder brauchst du da dabei Unterstützung? Hast du das Lernmaterial gesichtet und meinst, es reicht dir? Eventuell können dir Karen und Matthias Kern von Kern-Bildung bei der Vorbereitung auf den Abschluss komplett oder punktuell als Mentoren behilflich sein. Sie haben sich darauf spezialisiert oder die Lernbegleiter der Clonlara-Schule (Genaueres siehe Anhang).

Halte dir vor Augen: Die Prüfungen werden meistens einmal im Jahr abgenommen, im Zweifel kannst du dich dann erst für das nächste Jahr anmelden oder – neben einer Nachprüfung – eine Wiederholung im Folgejahr in Kauf nehmen.

Überblick des Stoffes

Die Lehrpläne der einzelnen Fächer der jeweiligen Schulart im jeweiligen Bundesland werden im Internet veröffentlicht, können aber auch von der örtlichen Schulbehörde verlangt werden.

Die zentrale Lehrplandatenbank für die jeweiligen Bundesländer und Klassenstufen findest du unter

www.bildungsserver.de/Lehrplaene-400-de.html

Bei dem Umfang des Lernstoffes der einzelnen Fächer kommt es gegebenenfalls darauf an, ob du ein Fach als Grund- oder Leistungskurs (im Abitur) gewählt hast.

So ein Lehrplan, heute Bildungsplan, liest sich etwas schwer, aber ich bin sicher, dass du dich, vielleicht mit etwas Hilfe, hineinfinden wirst und erkennst, worum es geht.

Teilweise wirst du darin auch noch eine Übersicht der Prüfungsanforderungen finden und Hinweise zu eventuell prüfungsrelevanter Pflichtlektüre.

Die Pflichtlektüren für das jeweilige Jahr finden sich auf Internetseiten des Kultusministeriums oder ähnlichen Behörden, können aber auch in den Schulen erfragt werden.

Außerdem ist es sinnvoll, sich alte Prüfungsaufgaben mit Lösungen zu besorgen, um eine Übersicht zu erlangen. Diese sind erhältlich beim STARK-Verlag. Zusätzlich gibt es auf der Internetseite des Verlags inzwischen ein Online-Prüfungstraining.

Die Prüfungsinhalte wiederholen sich in der Regel alle paar Jahre.

Zeitplan

Ein guter Zeitplan ist entscheidend! Fragen an dich selbst können sein:

- Wann sind die Prüfungen?
- Wann die schriftlichen, wann die mündlichen?
- Wie viel Zeit habe ich noch?
- Wie viel Zeit nehme ich mir täglich/wöchentlich/monatlich für welches Fach?

Es ist sinnvoll, sich zunächst auf die Fächer zu konzentrieren, die als erstes geprüft werden. Bis zu den mündlichen Prüfungen sind es dann meist noch mehrere Wochen, das kann jedoch in deinem Bundesland auch anders sein. Je nachdem, ob es eine landesweite Zentralprüfung gibt, stehen die Termine auch schon lange vorher fest.

Kontakt mit der Schule

Ich empfehle dir, dass du frühzeitig mit der dir zugeteilten prüfenden Schule Kontakt aufnimmst. Ein guter Erstkontakt mit den dortigen Lehrern kann viel bewirken. Insbesondere für die mündlichen Prüfungen, deren Stoff von den Lehrern festgelegt wird, ist das hilfreich. Die meisten Lehrer werden dir dann sicher offen begegnen. Sie freuen sich in der Regel über interessierte, junge Menschen.

Du kannst auch fragen, ob du eine Vorprüfung mitschreiben darfst, um ein Gefühl dafür zu bekommen, wo du stehst und wie die Lehrer deine Leistungen bewerten. Kurz vor den Prüfungen werden in der Schule oft Gruppenkonsultationen für die „normalen" Schüler angeboten – daran kannst du vielleicht nach Absprache teilnehmen. Meist ist da ein interessierter Mensch wie du höchst willkommen. Viel effektiver sind aber die Einzelkonsultationen, wenn es möglich ist, solche mit den Lehrern zu vereinbaren. Dort kannst du auch vorsichtig nach der Stoffeingrenzung für die mündlichen Prüfungen fragen.

Es könnte jedoch sein, dass dir bei einem Erstkontakt erst einmal Misstrauen entgegenschlägt. Die externe Prüfung wurde ja nicht für Freilerner eingeführt. Ich habe im Internet sogar eine abschreckende Statistik über Durchfallquoten bei Externenprüfungen gefunden! Als ich mich in der Schule vorstellte, frage mich die Direktorin, wie oft ich denn schon durchgefallen sei. Nachdem ich meinte, dass es mein erster Versuch sei und ich vorhätte, zu bestehen, blieb sie zwar noch skeptisch. Aber als ich dann in den Vorprüfungen sehr gute Noten bekommen hatte, war sie plötzlich sehr freundlich und hinterher meinte sie, dass ich eine der ersten sei, die diese Prüfung überhaupt je bestanden hätte.

Vorbereitung auf die einzelnen Fächer

In deiner Vorbereitung kommt es, wie gesagt, natürlich darauf an, ob die Prüfung schriftlich oder mündlich stattfindet. In manchen Bundesländern musst du aber auch schriftlich und mündlich in einem Fach geprüft werden. Im nächsten Abschnitt zum Thema Lernmaterialien findest du noch mehr konkrete Internetadressen.

Vor allem in den geisteswissenschaftlich-sprachlichen Fächern kann ich eine „spielerische" Vorbereitung empfehlen: Alles, was mit Spaß zu tun hat, geht v i e l leichter und prägt sich auch besser ein. Generell ist eine Materialvielfalt zu empfehlen, um einen umfassenden Blick zu bekommen.

Die abgefragten Themen erfährst du aus den Lehrplänen beziehungsweise erhältst eine Übersicht in den Heften mit den alten Prüfungen.

Gerade für **Fremdsprachen** sind der direkte Kontakt und Austausch mit Muttersprachlern hilfreich. Sei es in dem Land selbst oder mit der fremdsprachigen Nachbarin zum Tee. Außerdem kannst du zum Beispiel Spielfilme im Originalton (mit deutschen/originalsprachlichen Untertiteln) schauen, Bücher deiner Lieblingsautoren in deren Sprache lesen, Hörbücher, Radio, Podcasts aus der ganzen Welt anhören. Vielleicht gibt es eine Verfilmung des Buches, das du für die Prüfung lesen musst oder eine Dokumentation zu dem Geschichtsabschnitt, der drankommt und dich besonders interessiert oder über eine Region, die untersucht werden soll. Brieffreundschaften sind zwar etwas altmodisch, aber immer noch eine Möglichkeit deine Sprachkenntnisse zu vertiefen. Solche kannst du zum Beispiel über www.ePals.com finden. Die etwas modernere Variante ist ein Tandempartner. Für persönliche Treffen kannst du in der örtlichen Bibliothek oder Universität unter den Aushängen suchen oder hier: www.tandempartners.org. Wenn du auch virtuelle Kontakte suchst, dann kannst du zum Beispiel unter www.tandem.net, oder de.openlanguageexchange.com fündig werden. Zudem kommt für dich vielleicht auch eine Sprachreise in Frage. Ich bin für meine Abiturvorbereitung, neben einem regelmäßigen Treffen zum Tee mit einer französischen

Freundin, vier Wochen nach Frankreich gefahren und habe dort bei verschiedenen Familien gewohnt und mit ihnen verschiedene Dinge unternommen. Die Kontakte hatte mir die französische Freundin vermittelt. Es gibt natürlich auch professionell organisierte Sprachreisen von verschiedenen Anbietern. Dabei kommt es auch auf dein Alter zum Zeitpunkt der Reise an. Besprich dich hierzu mit deinen Eltern und suche im Internet oder an Sprachinstituten vor Ort, falls du nicht weiterkommst.

Folgende Grundkompetenzen werden in der ein oder anderen Form abgefragt:

- *Textverständnis: Hörverständnis und Leseverständnis* (Fragen beantworten, zusammenfassen, den Text als Ausgangspunkt für einen eigenen nehmen, interpretieren, Literaturbegriffe kennen, Text einordnen in Epoche, Genre, Textart...)
- *Übersetzungen anfertigen* (Fremdsprache-Deutsch mit zwei- beziehungsweise einsprachigem Wörterbuch)
- *Essay schreiben* (einen eigenen Text zu einem bestimmten Thema verfassen)

Ein Tipp für alle, die gern mal eine „professionelle" oder umfassende Einschätzung ihrer Sprachfähigkeiten hätten: Einfach mal einen (meist kostenlosen) (**Online-) Einstufungstest** machen. Frag doch mal bei einem Sprachinstitut vor Ort nach oder mache die entsprechenden Tests hier:

dialangweb.lancaster.ac.uk

www.sprachtest.de

www.sprachenlernen24.de/einstufungstest

www.wallstreetenglish.com/our-english-courses/english-test

www.vhseinstufungstest.de

Etwas verwirrend könnte sein, dass dabei die Kategorien des sogenannten Gemeinsamen Europäischen Referenzrahmens angewandt werden. Zur Orientierung: Ein bestandenes Abitur im Leistungskurs Englisch zeigt, dass Du gemessen am Europäischen Referenzrahmen das fortgeschrittene Niveau B2/C1 erreicht hast. Der Grundkurs bescheinigt etwa das Niveau B1/B2. Die 5 Stufen des Europäischen Referenzrahmens sind in aufsteigender Reihenfolge A2, B1, B2, C1 und C2. Eventuell findest du für deine Abschlussart etwas in deinem Lehrplan oder du fragst in der Schule oder bei dem Anbieter des Sprachtests nach. Für das Abitur findest du die Stufen auf S. 38 in diesem Buch.

Du hast in den schriftlichen Prüfungen in **Deutsch** immer die Möglichkeit, zwischen mehreren Aufgaben zu wählen.

Folgende Themen werden in der ein oder anderen Form geprüft – je nach Abschlussniveau:

- *Pflichtlektüre* (Lesen, Sekundärliteratur, Autor, Buch in Zeit der Entstehung einordnen, verschiedene Interpretationen in verschiedenen Zeiten, von verschiedenen Menschen)

- *Aufsatz schreiben* (Interpretation von Lyrik, Dramen, Prosa, Romanen, textgebundene und freie Erörterung, kreatives Schreiben)
- *Literaturgeschichte* (Epochen, Werke, Stile, Autoren, Zusammenhang mit Weltgeschehen, Fortschritt, Wissenschaftsgeschichte, Genres...).

Es könnte hilfreich sein, dass du dich frühzeitig auf zwei der Wahlbereiche der Prüfung festlegst (z.B., dass du dich für die Erörterung entscheidest) und dafür verstärkt lernst. Dann kannst du dir viel Arbeit sparen. Dann brauchst du natürlich Glück, dass dir das Thema z.B. der Erörterung inhaltlich liegt. Wenn nicht, hättest du noch den anderen Wahlbereich.

Das Buch, das zur Pflichtlektüre für dein Prüfungsthema gehört, könnte als Inszenierung im Theater oder als Umsetzung im Film vielleicht in ein neues Licht gerückt werden.
Auch wenn es vielleicht erst einmal künstlich erscheint, kann ich es nur empfehlen, immer wieder Aufsätze, Essays, Zusammenfassungen, Erörterungen und Interpretationen zu deinen Prüfungsthemen zu schreiben. Du kannst dir zwar das Wissen aus Büchern (oder Museen oder Theaterstücken, oder ...) holen, aber aufs Papier bringen, musst du deine Gedanken dazu

schließlich selbst. Am besten suchst du dir einen wohlwollenden, aber auch ehrlichen Kritiker deiner Texte.

Eine weitere Möglichkeit ist, dich mit mündlich mit jemandem zu deinem Wahlthema auszutauschen beziehungsweise jemanden um Feedback zu bitten (nicht, ob er das genauso sieht, sondern, ob das, was du sagst, überzeugend ist und nachvollziehbar und ob der andere vielleicht Aspekte sieht, die du bisher noch nicht entdeckt hast).

Geschichte kann mehr Spaß machen, wenn du historische Romane liest oder ins Museum gehst. Vielleicht findet sich über ein bestimmtes geschichtliches Thema oder über eine Literaturepoche eine interessante Vorlesung oder ein Seminar in dem Vorlesungsverzeichnis der nächstgelegenen Uni (als Gasthörer kann man eigentlich fast immer ohne Probleme einfach in die Vorlesung oder das Seminar gehen). Prüfungsgegenstand ist die Zeit ab der Französischen Revolution.

Für **Mathematik** könnte es hilfreich sein, den Prüfungsstoff in Form von sporadischen oder regelmäßigen Treffen mit deinem Mentor zu erarbeiten. Das kommt jedoch auf dein individuelles Niveau und Verständnis an. Am besten ist es, alle alten Prüfungsaufgaben durchzurechnen und bei Problemen diese dann genauer anzuschauen. Es gibt bestimmte Themenbereiche, die immer geprüft werden. Die STARK-Bücher sind hier ganz

besonders hilfreich, damit du dich nur mit den Themen be-
schäftigst, die du brauchst.

Auch für die naturwissenschaftlichen Fächer **Biologie, Chemie und Physik** könnte es hilfreich sein, dich mit jemandem
in Form von sporadischen oder regelmäßigen Treffen vorzubereiten. Das kommt ganz auf dein individuelles Niveau und Verständnis an. Auch hier gilt: alle alten Prüfungsaufgaben bearbeiten und bei Problemen diese dann genauer anzuschauen.
Auch hier gibt es bestimmte Themengebiete, die sich immer
wiederholen. Hier ist jedoch zwischen schriftlichen (theoretisch) und mündlichen (theoretisch und praktisch) Prüfungen
zu unterscheiden. Es ist hilfreich, die prüfenden Lehrer zu kontaktieren.
Einen allgemeinen Überblick und Definitionen von Themengebieten kann man sich aus Schulbüchern oder auch im Internet
bei zum Beispiel *Wikipedia* einholen. Auch wenn *Wikipedia*
nicht immer richtig liegt – für die Schule reicht es meistens
schon. Einen groben Überblick erhältst du doch. Schau in der
Liste der Lernmaterialien nach.

Falls du die Möglichkeit hast, auch in den Fächern **Kunst, Musik oder Sport** geprüft zu werden (in der Regel nur im Abitur)
solltest du wissen, dass diese Prüfungen immer aus einem
praktischen und einem theoretischen Teil bestehen. Falls du
Zeit sparen möchtest, könntest du dich in der Vorbereitung auf

den praktischen Teil beschränken, der meist gut zu bestehen ist, wenn du durchschnittlich sportlich beziehungsweise künstlerisch begabt bist oder ein Instrument beherrschst. Im Zweifel ist es möglich, im theoretischen Teil keine Punkte zu bekommen, da sich die Gesamtnote aus beiden Teilen zusammensetzt. Doch auch für diese Fächer gibt es einen Lehrplan und du kannst Kontakt mit den Lehrern aufnehmen.

Generell weise ich darauf hin, dass es bei der Prüfungsvorbereitung natürlich nicht immer darauf ankommt, was dich an diesem oder jenem Fach interessiert. Je nachdem, ob du dafür Zeit hast, kannst du ein Thema vertiefen. Leider wird in den Prüfungen natürlich auch eine ganz bestimmte Art von Fragen gestellt und die Antworten darauf sind auch in einem gewissen Rahmen gehalten. Du solltest also in der Prüfungsvorbereitung lernen, „schulisch" zu denken. Frage dich: Was wollen die Prüfer hören oder lesen? Deshalb solltest du aber natürlich aber niemals vergessen, dir deine eigenen Gedanken zu machen. Schulisch zu denken kann nämlich auch nach hinten losgehen, wie ich am folgenden Beispiel aufzeigen möchte.

Kennst du die Geschichte von der Kapitänsfrage? In den 1980er Jahren stellten französische Forscher Zweit- und Drittklässlern die folgende Aufgabe: *Auf einem Schiff befinden sich 26 Schafe und 10 Ziegen. Wie alt ist der Kapitän?*

Von den insgesamt 97 teilnehmenden Kindern gaben 76 die Antwort *„36 Jahre"*, da sie die im Text genannten Zahlenwerte einfach addiert hatten. 80 % der Schüler lagen falsch.

Solche Untersuchungen wurden auch in Deutschland gemacht und sie kamen zu einem ähnlichen Ergebnis. Kindergartenkinder waren weniger geneigt, die Zahlen für die Antwort zu nutzen. „Man kann letztlich davon ausgehen, dass viele Kinder deshalb dazu neigen, sämtliche Aufgaben zu berechnen (so irrelevant die angegebenen Daten auch sind), da sie im Laufe ihrer schulischen Sozialisation gelernt haben, dass im Mathematikunterricht jede Aufgabe eine bestimmte Lösung hat - egal wie komisch die Aufgabe auch klingen mag."[1]

---

[1] vgl. Selter & Spiegel 1997, S. 35 https://kurzelinks.de/yxgf

Lernmaterialien

Wie bereits erwähnt, ist eine wichtige Grundlage der Vorbereitung der jeweilige Lehrplan für das Land und das Fach – manchmal ist dort auch die Prüfungsrelevanz des jeweiligen Themas gekennzeichnet, sodass du effektiv lernen kannst.

Ich empfehle eine Materialvielfalt zu nutzen – online und offline. Schaue vor Ort in deine Stadtbibliothek oder auch in die Universitätsbibliothek nach Lernmaterial, wo man kostenlos oder für wenig Geld einen Ausweis erhalten kann. Du kannst dich von den Bibliothekaren vor Ort beraten lassen.

Für jedes Fach empfehlenswert sind die Hefte aus dem STARK-Verlag, in dem jedes Jahr neu die Prüfungsaufgaben mit Lösungen aus den letzten zehn Jahren abgedruckt sind. Es gibt Ausgaben für jedes Bundesland. Außerdem gibt der Verlag Vorbereitungshefte für jedes Fach und jedes Schuljahr heraus. Das lohnt sich wirklich. Denn es ist besonders wichtig, sich an den Aufgabenstil, den Fragestil zu gewöhnen, der manchmal sehr umständlich erscheint. Ohne vorher mit Prüfungsaufgaben geübt zu haben, wird eine Prüfung wahrscheinlich nicht von Erfolg gekrönt sein. Vom Preis-Leistungsverhältnis sind die STARK-Hefte wahrscheinlich sogar besser als die Neuanschaffung von Schulbüchern. Ich persönlich habe sehr wenig mit Schulbüchern gearbeitet.

Da Bildung Ländersache ist, gibt es in jedem Bundesland eigene Lehrmaterialien und Schulbücher. Von daher habe ich mich dagegen entschieden, dazu eine solche Übersicht zusammenzustellen. Schau in deinem Bundesland, welche Schulbücher es gibt. Auch an vielen Schulen kann man Bücher und andere Lernmittel ausleihen.

Hier nur eine Auswahl von Schulbuchverlagen:

www.cornelsen.de

www.westermann.de

www.klett.de

www.auer-verlag.de

Prüfungsliteratur:

In manchen Bundesländern werden bestimmte Bücher zum Gegenstand der Prüfung. Informiere dich im Lehrplan, ob das in deinem Heimatbundesland so ist.

Die *Hamburger Lesehefte* bieten relativ günstige Ausgaben der teilweise erforderten Prüfungsliteratur.

www.verlagsgruppe.de/erschienene-lesehefte

Genauso gut kann man die Hefte im Reclam-Verlag erhalten. Dort sind auch oft Interpretationen verfügbar (wonach man aber auch im Internet schauen kann, aber das sind eben die schulkonformen Interpretationen...).

Interessante Kategorien: Weltliteratur/Deutsche Literatur/Reclams blaue Schulreihe/Rote Reihe für fremdsprachige Literatur

www.reclam.de

Ein fester Bestandteil von Abiturvorbereitungen sind auch die

www.koenigs-erlaeuterungen.de

Dort findet man inzwischen Werk und Interpretationen in einem Band.

www.bange-verlag.de

Königs Erläuterungen sind auch hier erhältlich

Den DUDEN, das wichtigste deutsche Wörterbuch findest du auch im Internet unter www.duden.de

Rechtschreibung ist eine wichtige Kompetenz und zählt in die Bewertung mit rein.

Fremdsprachen:

www.filmfriend.de

In diesem Online-Streamingdienst des Zusammenschlusses vieler deutscher Bibliotheken findest du jede Menge Filme, die du im Original mit verschiedenen Untertiteln wählen kannst. Du brauchst dafür nur einen Bibliotheksausweis einer teilnehmenden Bibliothek.

www.ego4u.de

Übungen, Erklärungen, Grammatik im Internet (Englische Grammatik Online)

www.digitalpublishing.de

Dort gibt es auch Hörbücher mit Begleitheften zum Mitlesen – diese gibt es auch in Bibliotheken zum Ausleihen.

www.rosettastone.de

Online-Sprachlernprogramm

de.babbel.com

Online-Sprachlernprogramm

www.busuu.com

Online-Sprachlernprogramm

www.audible.de

Kostenpflichtiger Zugang zu Originalhörbüchern und Podcasts

www.spotlight-verlag.de

Zeitschriften in verschiedenen Sprachen mit Übersetzungshilfen

www.leo.org

Großes Online-Wörterbuch für viele Sprachen

www.assimilwelt.com

Sprachlernsystem auch für Fortgeschrittene

Hier findest du eine umfangreiche Liste von deutschen Museen nach Themen sortiert, die für viele Fächer interessant sein könnten:

de.wikipedia.org/wiki/Liste_deutscher_Museen_nach_Themen

Geschichte und Politik

Die zum großen Teil kostenlosen Materialien der *Bundeszentrale für politische Bildung* sind für Geschichte und Politik eine gute Hilfe. Wenngleich das natürlich die politisch gewünschte und in den Prüfungen abgefragte Sicht auf die Geschichte ist...

www.bpb.de

Zum Finden von historischen Romanen oder Filmen

www.geschichte-im-roman.de

www.dtv.de/buecher-jugendbuch/historische-romane/c-580

Schülerrezensionen zu historischen Romanen

www.lesepunkte.de/rezension/historische-romane/

Und hier eine Liste von Historienfilmen und -serien

https://de.wikipedia.org/wiki/Liste_von_geschichtsbezogenen_Filmen_und_Serien

Naturwissenschaften

www.tafelwerk-interaktiv.de

Das große Tafelwerk – Formelsammlung für die Sekundarstufe I und II.

Als Nachschlagewerk gut geeignet und unabdingbar - enthält einen legalen Spickzettel! (Hier gibt es noch die alte Teilung – eine Ausgabe für Berlin und die östlichen Bundesländer und eine für die westlichen Bundesländer.)

Ich fand die Reihe *Für Dummies* teilweise hilfreich, diese Bücher sind zeitlos und auch in der Bibliothek zu bekommen.

Oder hier: www.fuerdummies.net

Die Website bezeichnet sich als „Die inoffizielle Seite zur beliebten Buchreihe".

www.mathesite.de

Eine umfangreiche Sammlung an Übungen, Formeln, Erklärungen und Abi-Klausuren mit Lösungen. Auch für Aufgabenbereiche aus dem Haupt- und Realschulabschluss.

Hier folgen weitere nützliche Links:

www.levrai.de

Eine Seite mit Übungen für Deutsch, Mathematik, Englisch und Geschichte

www.sofatutor.com

Online-Lernplattform mit Videos, Übungen und Arbeitsblättern – man kann es in einer kostenlosen Testphase ausprobieren.

www.lehrer-schmidt.de

Kostenlose Nachhilfe für Mathematik, Deutsch und Physik mittels Videos auf YouTube

www.repetico.de

Teilweise kostenloses Erstellen von Karteikarten zum Lernen

https://anton.app/de

App mit Aufgaben, Lernspielen und interaktiven Erklärungen für Stoff bis Klasse 10

https://learnattack.de

Kostenpflichtiges Lernprogramm vom Duden-Verlag

Natürlich kannst du dir auch ganz gezielt für ein bestimmtes Fach oder ein bestimmtes Themengebiet einen **Nachhilfelehrer** (vor Ort oder im Internet) suchen. Viele Nachhilfeeinrichtungen bieten auch Einzel- oder Prüfungstrainings an und arbeiten inzwischen auch online.

Wie dir sicher bekannt ist, kannst du auf YouTube und ähnlichen Videoplattformen zu fast jedem beliebigen Thema ein Erklärvideo finden oder dir auf *Wikipedia* einen Überblick zu einem Thema verschaffen.

Speziell für die Abiturvorbereitung:
Küstenmacher, Werner Tiki/ Partoll, Heinz/ Wagner, Irmgard: *Mathe macchiato: Cartoonkurs Mathematik für Schüler und Studenten, 2. Aufl., München, Deutschland*: Pearson Studium

Unter dem Stichwort Chemie macchiato/Physik macchiato/Biologie macchiato findest du weitere Bücher dieser Reihe von anderen Autoren.

https://www.bildungsserver.de/Pruefungsvorbeitung-fuer-das-Abitur-638-de.html
Ganz wichtige Seite mit weiterführenden Links zu Beispielaufgaben und länderspezifischen Unterstützungsangeboten.

https://shop.duden.de/lernhilfen/oberstufe-abitur
Im DUDEN-Verlag gibt es eine Reihe von Lernhilfen für das Abitur, die vielleicht auch in der Bibliothek oder gebraucht zu haben sind.

www.abipedia.de

Insbesondere geeignet für Deutsch und Geschichte, die Seite wird anscheinend nicht mehr aktualisiert.

https://abileaks.com/

Kostenloses Lernportal für Biologie, Deutsch und Englisch.

www.abiturma.de

Spezialseite zur Vorbereitung auf das Mathematikabitur, mit Onlinekursen zur Vorbereitung und teilweise alten Prüfungsaufgaben (Schwerpunkt Bayern und Baden-Württemberg)

www.emath.de

Hilfreiches für das Matheabitur, teilweise kostenpflichtig.

https://deutsch-unterrichtsmaterialien.de/Deutsch-Landesabitur-Inhaltliche-Schwerpunkte.html

Hinweise zur Pflichtlektüre in verschiedenen Bundesländern

www.abi-nachholen.de/abituraufgaben.html

Hier findest du einige Prüfungsaufgaben für Deutsch, Englisch, Französisch und Mathe.

www.iqb.hu-berlin.de/abitur/sammlung

Institut zur Qualitätsentwicklung im Bildungswesen
Beispielhafte Abituraufgaben, jeweils des Vorjahres

Zeitmanagement

Mir die Zeit zum Lernen richtig einzuteilen, hat sich für mich als ein wesentlicher Erfolgsfaktor herausgestellt. Hilfreich waren für mich die Fragen danach, wie ich mir die Arbeit am besten über den Tag und die Woche verteilen kann.

Bei mir war es in der Regel wochentags 8.30/9.00 bis 18.00 Uhr mit Pausen und Zeit für meine anderen Interessen. Das habe ich auch von anderen Freilernern so gehört. Ich persönlich habe mit dem regelmäßigen Lernen 4 Monate vor den schriftlichen Prüfungen begonnen.

Und diese Fragen: Wie viel Zeit bleibt mir noch für wie viel Stoff? Was will ich an diesem Tag/ in dieser Woche/ in diesem Monat schaffen im Hinblick auf die Zeit, die mir noch bleibt bis zu den Prüfungen?

Ich habe irgendwann angefangen, rückwärts zu rechnen: „So und so viele Wochen bleiben mir noch, in denen ich den Stoff bewältigen will. Und so und so viel Zeit möchte ich für die Wiederholung und das intensive Lernen einplanen. Damit ich das schaffe, muss ich jede Woche ab jetzt so und so viele Themen (zum Beispiel Lehrplaneinheiten) bearbeiten."

Ich habe erfahren, wie wertvoll Pausen sind und die Zeit ist, die ich mit anderen Dingen verbringen kann. Anfangsrituale am Morgen (mir den Schreibtisch schön machen, ein Getränk hinstellen, das Arbeitsmaterial zurechtlegen), eine Abschaltpause nach dem Mittag oder Treffen mit Freunden, haben mir viel

Klarheit, Struktur und neue Energie für den nächsten Schritt gegeben. Sport, Musik und Spiel waren für mich auch ganz wichtige Auftankzeiten.

Auch ausreichend Schlaf und freie Wochenenden sind wichtig, um das Gelernte zu verarbeiten. Das wissen alle Hirnforscher längst – und du bestimmt auch!

Die Zeit unmittelbar vor den Prüfungen

Folgende Fragen könnten dir helfen:

- Was brauche ich, um sicher zu sein in der Prüfung? Vielleicht ein Ritual, einen Gegenstand, eine bestimmte Entspannungstechnik, guten Zuspruch von lieben Menschen, jemanden, der an dich denkt während du in der Prüfung bist?
- Wer/Was unterstützt mich in den letzten Tagen oder am Tag der Prüfung selbst? Holt mich jemand ab oder bringt mich hin, wer kann mit meiner Aufregung am besten umgehen?
- Falls noch etwas nicht so gut läuft: Was würde es mir leichter machen?

Zudem ist es wichtig, sich nicht mehr nur mit dem Inhalt zu beschäftigen, sondern vor allem damit, wie du dir die Zeit während der Prüfung, also in den Stunden der Prüfung, einteilst. Also damit, wie du damit umgehen würdest, wenn das Thema drankommt, was du nicht so gut kannst und mit dem Gefühl, das du selbst hast bezüglich der Vorbereitung. Ich persönlich habe mich in meiner Deutschprüfung ziemlich verzettelt. Sei dir bewusst, dass du Zeit für einen Entwurf und die Reinschrift brauchst. Wenn möglich, nimm dir eine Uhr mit an deinen Platz.

Vielleicht musst du dich auch mit Prüfungsangst auseinandersetzen. Am besten wendest du dich damit an einen vertrauten Erwachsenen, sodass ihr gemeinsam eine Lösung findet und vielleicht Unterstützung für dich findet. Bei übermäßiger Prüfungsangst ist ein externer Abschluss, bei dem es ja nur eine Chance, beziehungsweise eine Nachprüfungsmöglichkeit gibt, natürlich nicht unbedingt der richtige Weg für dich. Ich gehe davon aus, dass du dich dafür sonst auch nicht entschieden hättest. Falls eine Prüfungsangst erst im Verlauf aufkommt, kann eine therapeutische Sitzung hilfreich sein. Besprich das am besten mit deinen Eltern. Im Zweifel hast du die Möglichkeit einer Nachprüfung und könntest die Prüfung auch im folgenden Jahr noch einmal wiederholen.

Falls du Kontakt zu anderen Schülern hast, solltest du dich nicht von ihnen und deren Ängsten verunsichern lassen. Genauso nicht von kritischen Lehrern. Sondern vertrauen in das, was du geschafft hast und dass du dich genügend vorbereitet hast.

IV. ERFAHRUNGSBERICHTE

Es gibt viele Gründe, sich für einen externen Abschluss zu entscheiden. Die folgenden Geschichten von Freilernern mit Schulabschluss, Mentoren und Prüfern sollen Einblicke in ganz unterschiedliche Hintergründe, Motivationen und Meinungen geben. Alle Geschichten möchten dir Mut machen auf deinem eigenen Weg zum Schulabschluss.

*Besondere Erwähnung finden soll **Kern-Bildung**, ein Angebot von Karen und Matthias Kern. Sie beraten seit 2014 zahlreiche Prüflinge und haben im Laufe der Jahre viel Erfahrung gesammelt. Kern-Bildung berät bei Bildungsfragen und betreut junge Menschen auf ihrem selbstbestimmten und selbstorganisierten Bildungsweg. Dafür haben sie zwei Programmangebote entwickelt, die je nach Bedürfnis des jungen Menschen und der Familie individuell verändert werden können. In beiden Programmen betreuen sie junge Menschen in ganz Deutschland über Telefon, Videotelefonie oder auch vor Ort im eigenen Büro. Beide haben eine Lehrerausbildung absolviert und Matthias Kern arbeitet in einer beruflichen Schule. Karen Kern hat vor ihrer Arbeit mit Kern-Bildung fünf Jahre lang das deutschsprachige Clonlara-Programm geleitet. Ein eigenes auf die deutsche Situation zugeschnittenes Programm haben sie entwickelt, da sie schon mit ihren eigenen (über mehrere Jahre unbeschulten) Kindern Erfahrung mit externen Abschlüssen* *gemacht hatten und die Nachfrage nach Begleitung hierfür zunahm. Karen Kern stellt das Programm vor:*

Es gibt zum einen das Grund- und Mittelstufenprogramm, in dem die jungen Menschen sich in der Regel vorwiegend informell bilden. Bei einigen Familien wurde unsere Betreuung vom Gericht als sinnvoll angesehen und hat mit zu einer positiven familiengerichtlichen Entscheidung beigetragen. Junge Menschen, die nie oder nur kurz in der Schule waren, lernen meistens in einer ähnlichen Art und Weise wie vor dem Schuleintrittsalter. Sie erkunden die Welt spielerisch und sind neugierig darauf, was in der Welt passiert. Wollen sie später eine Prüfung machen, haben sie in der Regel keine Probleme, sich den notwendigen Stoff anzueignen, wenn dieser nicht sowieso schon vorhanden ist. Anders ist unsere Erfahrung mit jungen Menschen, die nach mehreren Jahren Schulzeit die Prüfungsvorbereitung angehen wollen. Bei diesen ist in der Regel eine Phase des „Deschooling" [Entschulen] notwendig, so dass sie sich in das selbststrukturierte, selbstorganisierte Lernen hineinfinden können. Häufig ist das Selbstbewusstsein durch negative Erfahrungen in der Schule stark angegriffen und es braucht eine Zeit, bis sie über die Arbeit an eher nicht schulischen Themen ihr Selbstbewusstsein soweit aufgebaut haben, dass sie Blockaden und eventuelle Traumatisierungen abgebaut haben, um eine Prüfungsvorbereitung motiviert angehen zu können.

Im zweiten Programmangebot bieten wir die Begleitung bei der Vorbereitung auf externe Schulabschlüsse, z. B. den Hauptschulabschluss, einen mittleren Schulabschluss oder das Abitur für Nichtschüler. Trotz klarer fachlicher Vorgaben kann auch die Vorbereitung auf eine Prüfung sehr individuell durchgeführt werden, was sich bei der Betreuung der verschiedenen Prüflinge auch immer wieder zeigt. Die einen brauchen mehr, die anderen weniger Unterstützung. Die einen planen den gesamten Stoff selbst und brauchen nur mal zwischendurch eine Rückmeldung z. B. bei der Korrektur einer Prüfungsarbeit. Die anderen brauchen Unterstützung bei der Planung, bei fachlichen Fragen, bei der Suche nach geeigneten Materialien oder wenn sie in ein Motivationsloch fallen. Die einen nehmen sich die Themen projektmäßig vor und vertiefen sich in ein oder zwei Fächer für mehrere Wochen, die anderen machen sich einen Wochenplan, der ähnlich wie ein schulischer Stundenplan aussieht. All diese Wünsche, Eigenheiten und Bedürfnisse erkennen wir an und gehen darauf ein.

Da sind dann 16 verschiedene Bundesländer mit jeweils 3 bis 4 Abschlussprüfungen und unterschiedlichen Prüfungsordnungen eine große Herausforderung, da wir uns für jedes Bundesland neu in diese einarbeiten müssen. Wir haben in den vergangenen Jahren (bis Prüfungsjahr 2020) 45 Prüflinge bei der Vorbereitung auf die verschiedenen Prüfungen begleitet. Davon haben 39 bestanden und konnten mit ihren Ergebnissen die von ihnen angestrebten Bildungswünsche erfüllen. Bis jetzt hatten wir nur sechs Prüflinge, die die angestrebte Prüfung nicht geschafft haben. Dies ist für eine Fernbetreuung ein gutes Ergebnis. Da wir die Prüflinge in der Regel gut kennen, sind für uns diejenigen, die durchgefallen sind, nicht einfach eine Prozentzahl, sondern es gab bei jedem für uns nachvollziehbare Gründe für das Nichtbestehen. Das Nichtbestehen der Prüfung hat nicht ins soziale und berufliche „Aus" geführt, wie viele annehmen. Einer hat einen zweiten Anlauf mit der Vorbereitung auf einer Abendschule gestartet, die anderen sind arbeiten gegangen oder haben eine Lehre ohne diesen Abschluss angefangen. Einer hat nach einer Zeit des Jobbens, dann gleichzeitig mit der Lehre auch seine Fachhochschulreife gemacht.

Aktuelle Informationen über unsere Programme findest du unter: www.kern-bildung.de

Hauptschulabschluss

Moritz Neubronner war nur gut zwei Jahre seines Lebens in der Schule und wird als „Deutschlands bekanntester Schulverweigerer" bezeichnet, wobei er sich selbst als Freilerner sieht. Mit 15 Jahren hat er den Hauptschulabschluss abgelegt, über den er im Folgenden berichtet. Mit 16 ging er wenige Monate in eine Schule, um den Realschulabschluss zu erlangen, den er mit 1,4 bestand. Mit 18 Jahren hat er dann auch das Abitur extern abgelegt – sein Schnitt: 2,5. Heute ist er 24 Jahre alt und studiert in Bremen.

Ich wollte schon immer einen Schulabschluss machen, einfach, um Ruhe vor den Behörden zu haben und auch um mich selbst zu versichern, dass Freilernen eine gute Bildungsform ist. Dann ergab sich für mich eine Möglichkeit, extern einen Hauptschulabschluss zu machen. Es gab zwar in meinem Umfeld einige kritische Stimmen, aber im Großen und Ganzen waren die meisten (vor allem meine Großeltern) ziemlich froh, dass ich nun einen Abschluss machen wollte. Da ich erst wenige Wochen vor der ersten Prüfung von dieser Möglichkeit erfahren habe, hatte ich für die ersten Prüfungen nur ein paar Wochen Zeit für die Vorbereitung. Ich lernte viel mit dem bundeslandspezifischen Heft der Abschlussprüfungsaufgaben Hauptschule. Darin waren die gesamten schriftlichen Prüfungen in den Fächern Deutsch, Englisch und Mathe der letzten vier Jahre abgedruckt. Außerdem erhielt ich netterweise von der prüfenden Schule einige Vorbereitungsaufgaben für die mündlichen Prüfungen. Des Weiteren habe ich viel im Internet gelernt, zum Beispielmit *Wikipedia*.

Relativ mühsam war das ewige Hin- und Herfahren zu den Prüfungen, da ich drei Stunden Autofahrt brauchte, um zu den Prüfungen zu fahren und das fünf Mal. Ich wurde in Deutsch, Mathe, Englisch und in „politischer und wirtschaftlicher Kompetenz" geprüft, jeweils mündlich und schriftlich, außerdem musste jeder Prüfling auch eine „Präsentationsprüfung" absolvieren. Die schriftlichen Prüfungen dauerten immer ein bis drei Stunden, die mündlichen zehn bis zwanzig Minuten. Bei der Präsentationsprüfung musste jeder Schüler einen ca. 15-seitigen Bericht über ein selbst gewähltes Thema schreiben, dann dieses Thema in 15 Minuten präsentieren, das heißt, einen Vortrag darüber halten, mit Bildern oder einer PowerPoint-Präsentation oder mit Gegenständen. Mein Thema für die Präsentation war der Kampfsport *Wun Hop Kuen Do.* In meiner Präsentation benutzte ich Fotos, eine von mir erstellte Power-Point-Präsentation und einen selbstgedrehten Film. Anschließend gab es ein Gespräch, in dem ich Fragen über den Inhalt meines Berichtes oder meiner Präsentation beantworten musste, und auch Fragen darüber, wie ich den Film gemachte hatte oder wie ich beim Schreiben vorgegangen war. Ich bekam dann für meine Präsentation insgesamt eine 1,1. Meine Noten in Deutsch und Politik waren sehr gut (1,2 in Politik und

1,3 in Deutsch). In Mathe und Englisch waren meine Noten nicht ganz so gut (1,6 in Mathe und 1,7 in Englisch), aber es hat mich sehr gewundert, mit wie wenig Vorbereitung so ein Abschluss für einen Freilerner möglich ist. Jetzt denke ich, dass ich auf demselben Weg auch den Realschulabschluss machen will, und auch das Abitur habe ich fest eingeplant.

Außerdem habe ich die Möglichkeit, eine Ausbildung in einer Filmproduktionsfirma wahrzunehmen und auch die Möglichkeit, ein Praktikum bei einem TV-Sender zu machen. Ich glaube einfach, dass Freilernen für mich der ideale Weg ist.

****

Malchus Kern *hat, seitdem er 11 Jahre ist, keine staatliche Schule mehr besucht. Heute ist er 30 Jahre alt und lebt am Bodensee.*

Ich habe meinen Abschluss nicht gemacht, weil ich einen haben wollte oder gebraucht hätte (oder in bisherigen Angestelltenjobs jemals gebraucht habe). Mit 13 Jahren habe ich mit dem Oberschulamt eine Vereinbarung getroffen - ich verpflichtete mich zu einer jährlichen Überprüfung auf Hauptschulniveau, bei bestandener Prüfung konnte ich weiterhin ein Jahr lang von zu Hause aus lernen, ganz ohne Schule. Im zweiten Jahr habe ich, im Rahmen dieser Vereinbarung, dann die Hauptschulabschlussprüfung gemacht. Ich habe mich ungefähr zwei Nachmittage vorbereitet, aber ob ich gut abgeschlossen hätte oder nur befriedigend - es hatte für mich keine Bedeutung. Unterstützung habe ich in dieser Sache keine gebraucht, ich habe den Abschluss auch nicht als große Hürde empfunden.

Ich habe mich schon früh entschieden, für niemanden arbeiten zu wollen, der mehr auf ein Zeugnis als auf meine aktuellen Kompetenzen Wert legt. Ich möchte, dass man mich als Mensch anerkennt, dass man das anerkennt, was ich wirklich kann, und vor allem zum jeweiligen Zeitpunkt. Wenn ich mich heute mit dem damals abgelegten Abschluss bei einem Job bewerben würde, was sagt dieser dann über meine heutigen Kompetenzen aus?

Heute bin ich Mitgesellschafter und Projektmanager in einer Online-Marketing-Agentur mit mehreren Mitarbeitern und Gründer eines Onlineshops für Bio-Feinkost. In dieser Position bin ich Arbeitgeber und Teamleiter. Bei Bewerbungen im Online-Marketing spielen Abschlüsse für mich keine Rolle, es zählen die Kompetenzen und vor allem auch, ob die Person gut in unser Team passt. In anderen Bereichen, wie zum Beispiel in der Webentwicklung/Programmierung sind Abschlüsse beziehungsweise Ausbildungen wichtig, da diese der Nachweis bestimmter Kompetenzen sind. Bewerber können diese Kompetenzen aber auch anderweitig zeigen.

Aus Sicht einer Lehrerin

Brigitte Aurin-Winterhager ist 65 Jahre alt und vor 3 Jahren aus dem Schuldienst ausgeschieden. Seit 1981 hat sie an mehreren Hauptschulen in Lüdenscheid hauptsächlich die Fächer Englisch und Evangelische Religionslehre unterrichtet. Mit dem Fach Englisch ist sie in besonderer Weise verbunden, nicht zuletzt, weil sie nach ihrem Studium ein Jahr als assistant teacher *in England gearbeitet hat. Sie nimmt seit einigen Jahren Externenprüfungen ab.*

Als ich nach meiner Pensionierung gefragt wurde, ob ich mir vorstellen könnte, die Externenprüfungen im Fach Englisch abzunehmen, habe ich nicht lange gezögert und zugesagt.

Im Märkischen Kreis (Nordrhein-Westfalen) melden sich jährlich viele junge Erwachsene, die den Hauptschulabschluss nach Klasse 9 oder 10 erwerben möchten. Dafür müssen sie in den Fächern Deutsch, Englisch und Mathematik eine schriftliche und eine mündliche Prüfung ablegen. In zwei weiteren Fächern werden sie nur mündlich geprüft.

Jedes Jahr im Februar findet eine Informationsveranstaltung für die Bewerber und – wenn sie in einer begleitenden Maßnahme sind - ihre Betreuer statt. Hier werden sie über die Prüfungsanforderungen informiert und können Nachfragen stellen. Sie haben dann ca. 3 – 5 Monate Zeit, sich auf die Prüfungen vorzubereiten.

Die mündliche Prüfung führe ich gemeinsam mit einer Kollegin, die an einer Gesamtschule arbeitet, durch. Zu Beginn unserer Zusammenarbeit fragten wir uns, welche Grundlagen wir bei den Prüflingen voraussetzen können. Da wir keine Informationen zu den Bewerbern erhalten, haben wir lange über Themen, Inhalte und Aufgaben nachgedacht, die sowohl deren Interessen und Kenntnissen als auch den Anforderungen im Kernlehrplan entsprechen.

Inzwischen haben meine Teamkollegin und ich ungefähr 60 junge Menschen im Alter zwischen 18 und 35 Jahren geprüft. Diese Aufgabe hat uns viel Spaß gemacht, vor allem dann, wenn es den Bewerbern gelang, eigene Interessen, Erfahrungen, Meinungen und Gefühle auf Englisch einzubringen. Besonders gut vorbereitet waren die, die im Internet den Austausch mit Menschen in der ganzen Welt gesucht hatten. Viele Bewerber hinterließen einen so positiven Eindruck, dass meine Teamkollegin und ich uns fragten, warum sie wohl keinen regulären Hauptschulabschluss gemacht hatten. Die Gründe sind sicher vielfältig...

Ich möchte alle, die darüber nachdenken, an den Externenprüfungen teilzunehmen, dazu ermutigen, diesen Schritt zu wagen. Wer es sich noch nicht zutraut, die Prüfung für den Hauptschulabschluss nach Klasse 10 abzulegen, könnte erst einmal mit der – einfacheren - Prüfung nach Klasse 9 beginnen. Für diejenigen, die Hilfe benötigen und/ oder sich gemeinsam mit anderen auf die Prüfung vorbereiten möchten, bieten

Berufsbildungsträger Kurse an. Wer berufstätig ist und keine Zeit für intensive Vorbereitungen hat, sollte sich überlegen, wo seine/ihre Stärken und Schwächen liegen und dann gezielt daran arbeiten. Es lohnt sich auf jeden Fall. Die Chance, in einem anerkannten Beruf (mit der entsprechenden Vergütung) arbeiten zu können, steigert sich deutlich, erst recht das Selbstwertgefühl nach bestandener Prüfung. Selbst wenn man den Abschluss nicht erhalten hat (in NRW darf man zum Beispiel in keinem der 5 Fächer die Note „ungenügend" haben), kann man sich im nächsten Jahr wieder zur Prüfung anmelden.

Realschulabschluss

Jaana Hoffmann hat in ihrem Leben nur eineinhalb Jahre eine Schule besucht. Heute ist sie 33, lebt in Frankreich und ist u.a. selbstständige Graphikdesignerin. 2020 hat sie zudem ihr Fachabitur in der Landwirtschaft gemacht und baut sich ihren eigenen Hof auf.

Am Ende meines sechzehnten Lebensjahres kam die Idee spontan im Gespräch auf: Warum sollte ich nicht einen Realschulabschluss machen? Aus dieser freien Idee wurden bald ein sehr konkretes Projekt und Abenteuer, welches mich ein knappes dreiviertel Jahr begleitete.

Die, die es in meinem Umfeld mitbekamen, fanden die Idee selbstverständlich gut und waren bereit, mich zu unterstützen - wie sehr sie anfangs wirklich daran glaubten, weiß ich nicht.

Doch Verwandte und Bekannte waren da und haben Erfahrungen und Bücher spendiert.

Für die Vorbereitungen packte mich vor allem der eigene Ehrgeiz. Praktischerweise hatte ich Kontakt zu einem Freund, der den Abschluss im gleichen Jahr machte und mit dem ich mich sozusagen zusätzlich auf dem Laufenden halten konnte, was gerade in der "richtigen Schule" passierte. Nicht alle Fächer fielen mir leicht, aber ich fand in allem etwas, dass mich bereicherte - bildete, wie man so schön sagen könnte. Schlüsselpunkte waren für mich die Vorbereitung auf die Prüfungssituation im Konkreten: ausdauernd rechnen, schreiben und denken und auch einiges von dem abschalten, was ich eigentlich an den Fächern interessant fand, um sich auf die Fragen des Prüfungsbogens zu konzentrieren.

Die schriftlichen Prüfungen gingen so relativ glatt über die Bühne, aber kosteten Einsatz. Zuletzt kam Mathematik an die Reihe. Hier erlebte ich tatsächlich eine Art Black-Out, aber es reichte für den Schnitt. Als es dann an die mündlichen Prüfungen ging, war ich bereits gelöster, besser vorbereitet und der direkte Kontakt mit den Lehrern, wo ich mich selbst besser ausdrücken konnte, war nicht nur leichter, sondern richtig angenehm. Die Zuständigen waren so zuvorkommend gewesen, mir die Prüfungstermine möglichst eng aneinander zu rücken, da ich ja extra aus Frankreich anreiste. Wir hatten damals noch einen Wohnsitz in Bayern, ich durfte die Prüfungen aber in

Baden-Württemberg ablegen, da dies näher an meinem gewöhn-lichen Aufenthaltsort lag.

Insgesamt muss ich Verwirrung bei den prüfenden Lehrern hinterlassen haben. Immer am Ende einer mündlichen Prüfung fragten sie sich dann zum Beispiel, woher das komme, dass meine Formulierungen so gar nicht nach "Auswendiggelernt" klingen. Dazu konnte ich nicht viel sagen. Meine Devise war schon immer: Entweder man redet über etwas, was einen per-sönlich interessiert, oder man redet möglichst wenig. Für mich war es eine Prüfung im wahrsten Sinne des Wortes und ich kann sie nur positiv in Erinnerung behalten. Manchmal frage ich mich jedoch heute, warum so viel Zeit und Energie in ein so seltsam veraltetes System gesteckt und es so wichtig genommen wird. Ich habe inzwischen durch meine Selbststän-digkeit und andere Tätigkeiten erfahren, dass es auch Dinge gibt, in denen ein echter Sinn steckt, der nicht simuliert werden muss. So nutze ich heute den Vorteil sagen zu können, ich habe mit der Schule abgeschlossen. Erstaunt bin ich aber, wie selten ich das brauche!

***

Julian Mohsennia hat nur drei Jahre eine Anwesenheits-schule besucht. In den anderen Jahren war er Freilerner in Deutschland und Kanada. Den externen Realschulabschluss legte er in Nordrhein-Westfalen mit 21 Jahren ab. Aktuell lernt er für das Abitur, das er auch extern ablegen möchte.

Mit 20 Jahren machte ich einen externen Schulabschluss an einer amerikanischen Fernschule. Der Highschool-Degree ist in den USA eine Hochschulzugangserlaubnis. Leider wurde mein Abschluss in Deutschland nicht anerkannt. Gar nicht. Nicht mal als Hauptschulabschluss. Ich zog sehr schnell meine Schlüsse und meldete mich zum externen Realschulabschluss an. Bis einschließlich Februar des Abschlussjahres war ich mit meiner Ausbildung zum Rettungssanitäter beschäftigt – die ich außer-dem nur durch eine Ausnahmegenehmigung anfangen durfte. Denn normalerweise gilt: Kein Abschluss – keine Ausbildung. Also fing für mich das Lernen im März an. Bis zu den Prüfungen im Juni hatte ich also knappe drei Monate Lernzeit. Ich meldete mich zusätzlich bei Kern-Bildung an, die eine Betreuung für Menschen anbieten, die sich auf externe Prüfungen vorberei-ten. Diese Betreuung stellte sich im Verlauf als sehr nützlich heraus, da ich immer jemanden hatte, der mich unterstützen konnte, wenn ich mal in einem Fach Schwierigkeiten hatte. Zu-sätzlich schickten sie mir einige Probeklausuren oder machten mit mir mündliche Prüfungen zur Vorbereitung. Einiges kam mir vom Highschool-Degree natürlich bekannt vor, vor allem zum Beispiel die Mathematik. Viele Fächer haben allerdings auch komplett andere Lehrpläne, sodass ich zum Teil von vorne anfangen musste. Ich hatte ein Ziel, wo es hin ging. Ich hatte im Rettungsdienst eine Berufung gefunden, die ich mit Leidenschaft ausführen wollte und dafür brauchte ich diesen Abschluss. Also legte ich mich ins Zeug. Ich lernte in dieser Zeit sehr viele Stunden am Tag. Ich stand früh auf, lernte bis mittags. Nach einer kleinen Mittagspause ging es nachmittags weiter. Am Abend noch etwas Sport und Entspannung, am nächsten Tag ging es von vorne los. So streng braucht man es sich gewiss nicht machen, doch ich hatte mich noch nie auf solche Prüfungen vorbereitet und konnte schlecht einschätzen, wie schwierig diese wohl sein werden. Zuerst lernte ich aus diversen Schulbüchern, die ich mir für alle gewählten Prüfungsfächer zugelegt hatte. Das Internet habe ich immer genutzt, wenn in den Büchern etwas schlecht erklärt war, um eine anders formulierte Erklärung zu finden. Dabei kamen oft vor allem YouTube und *Wikipedia* zum Einsatz. Anschließend markierte ich mir alle Passagen, die mir prüfungsrelevant erschienen – hier kam auch viel Raten ins Spiel. Diese Passagen bastelte ich mir dann mit dem Online-Programm *Repetico* zu Karteikarten zurecht. Für alle Fächer zusammen fast 1.000 Stück. Dies hat mir sehr geholfen, mir die oft schwer zu merkenden Zahlen, Daten und Fachwörter einzuprägen. Bei den ersten schriftlichen Prüfungen war ich sehr nervös. Noch nie hatte ich in so einem Umfeld Prüfungen solchen Umfangs abgelegt.

Doch ich war überrascht, denn ich konnte alle mir gestellten Fragen, meiner Meinung nach sinnvoll, beantworten. Sogar in Deutsch, wo mir oft gute Ideen fehlen, konnte ich einen für mich akzeptablen Text schreiben. Meine mündlichen Prüfungen fanden alle am gleichen Tag statt, mit nur einer einzigen Mittagspause zwischen den sechs Prüfungen. Es war zwar ein langer, stressiger Tag, ersparte mir aber auf lange Sicht auch viel Nervosität. Die mündlichen Prüfungen gingen auch sehr gut über die Bühne. Die Reaktionen der Prüfer waren sehr lustig zu beobachten. Mir wurde bewusst, dass Schüler wohl oft nicht so viel und offen reden. Die Geschichtslehrerin schlug mir vor, Geschichte zu studieren, und die Biologielehrerin fragte mich scherzend, ob ich nicht einfach noch mal 20 Minuten bleiben könnte, statt dass sie den nächsten Schüler prüfte.

Insgesamt war ich mit dem Ergebnis sehr zufrieden. Ich hatte deutlich mehr Einsen als erwartet, nur in Deutsch – wer hätte es erwartet – wurde es eine Zwei. Aufgrund des überraschend guten Ergebnisses habe ich mich anschließend für das externe Abitur angemeldet, für das ich aktuell lerne. Dort hoffe ich natürlich auf ein ähnlich gutes Ergebnis und möchte dann, wenn möglich, studieren.

***

Wir haben sogar ein paar Prominente im Club der externen Absolventen:

Wenn man berühmt genug ist, gibt es viele Möglichkeiten, sogar die Schulpflicht zu umgehen...

Neben ihrer Musikkarriere haben **Tom und Bill Kaulitz** von der Band *Tokio Hotel* per Fernkurs über die web-individual-schule 2008 ihren Realschulabschluss abgelegt. Ihre „vorbildlichen schulischen" Leistungen wurden mit dem *Jugendpreis Fernlernen* 2009 ausgezeichnet. Die Zeitung *Die Welt* hat in einem Artikel vom 27.11.2011 unter dem Titel *Lernen wie die Promis* geschrieben, dass auch Jungschauspieler und junge Profisportler dort unterrichtet werden.

Wer also ein Argument für so manchen Skeptiker braucht, kann sich vielleicht hier bedienen...

Abitur

Inzwischen gibt es die ersten freien Abiturgruppen, ich lasse hier zwei zu Wort kommen. Vielleicht ist das auch ein Weg für dich?

ABInom e.V. *in Freiburg stellen Anna Penner und Nina Imgraben im Folgenden vor:*

Ohne Schule zum Abitur? Diesem Weg widmen wir uns bei Abinom schon seit unserer Gründung 2016 in Freiburg.

Unsere Schüler*innen kommen aus den verschiedensten Schulen und sind zwischen 16 und 23 Jahren alt - also eine bunte Mischung an Charakteren. Aber gleich macht uns mindestens eines: Die Unzufriedenheit mit dem Regelschulsystem!

Auf einer normalen Schule haben Schüler*innen nur wenig Mitspracherecht, egal ob es um Stundenplan, Lehrer*innen oder Fächer geht, obwohl es immerhin um die Bildung der Schüler*innen geht. Bei einer freien Abigruppe wie uns, wird dieses Unrecht gebrochen. Zwar haben wir gewisse Vorgaben, was Unterrichtsstoff und Fächer angeht, jedoch können wir die Stunden legen, wie es am angenehmsten für uns und die Lehrer*innen ist. Zudem stehen wir in stetigem Kontakt mit den Lehrkräften, was uns einen angenehmen und individuellen Unterricht ermöglicht. Es ist allen Schüler*innen bei uns frei überlassen, in welcher Zeit sie ihr Abitur machen wollen. So gibt es einige, die es in ein bis zwei Jahren schaffen wollen, aber auch ein paar, die sich mehr als drei Jahre Zeit nehmen. Selbstverständlich ist jede*s unserer Mitglieder*innen für sich selbstverantwortlich und muss sich eigenständig auf Unterrichte vorbereiten und nachbereiten, auf freiwillige Tests und letztendlich für die Prüfungen lernen. Ob dieses Lernen alleine oder zusammen mit dem Rest der Gruppe geschieht, ist, wie vieles andere, jedem selbst überlassen.

Methodos e.V., Freiburg
Dorothée Kraemer hat sich als 19-Jährige mit acht anderen auf das Abitur 2012 in der Methodos-Gruppe vorbereitet und die Prüfungen erfolgreich abgelegt.

Als in Freiburg 2007 das Schülerprojekt *Methodos* gegründet wurde, war diese Nachricht sogar der *Tagesschau* einen Beitrag wert (28.8.07). Zwischenzeitlich ist es ruhiger geworden um den Verein, der jedoch nichtsdestotrotz seitdem fortbesteht.
Bei *Methodos* bereiten sich junge Menschen selbstständig und eigenverantwortlich in der Gruppe auf die externe Abiturprüfung vor. Dafür treffen sie sich regelmäßig in angemieteten Räumen, setzen sich mit dem Lehrplan auseinander, überlegen sich ein für alle passendes Lernkonzept und organisieren schließlich einen Wochenplan zusammen mit den von ihnen angestellten Lehrern.

Wie ein solcher Wochenplan aussieht, lässt sich nicht bestimmt sagen, da sich jede neue *Methodos*-Generation ihr eigenes Lernkonzept zusammenstellt. Mal sind es mehr, mal weniger Stunden mit den Lehrern, mal viele Gruppenstunden, mal überwiegend Einzellernstunden. Jeder Mensch lernt unterschiedlich und es ist eine der wichtigsten und schwierigsten Aufgaben für die Gruppe, einen für alle passenden Plan zusammen zu stellen.

Neben dem Lernalltag organisieren die Schüler aber auch den Verein Methodos e.V. Sie stellen den Vorstand und bemühen sich um Spenden und gesellschaftliche Präsenz. Dies ist besonders wichtig, da die „Schüler" diesen Titel eigentlich gar nicht tragen dürfen: weder können sie BAföG beantragen, noch wird das Projekt staatlich unterstützt, der Schülerstatus wurde mehrfach verwehrt.

Für die externe Abiturprüfung wird die Gruppe Gymnasien in der Umgebung zugeteilt. Hier werden neben den vier schriftlichen Prüfungen in den Hauptfächern (Mathe, Deutsch, Geschichte, Fremdsprache) weitere acht mündliche Prüfungen in Haupt- und Nebenfächern abgenommen, die anstelle der Einreichnoten am Gymnasium in das Endzeugnis eingehen.

Wichtigste Voraussetzungen für die Abiturvorbereitung bei *Methodos* sind der Wille zum Ausbruch aus dem oft so passiven Schülerdasein, das Interesse Verantwortung für das eigenen Lernverhalten und das Vorankommen der Gruppe zu übernehmen und vor allem neben der Lernstofferarbeitung auch Vereins- und Öffentlichkeitsarbeit zu leisten.

***

Natürlich kannst du dich auch ganz eigenständig auf das Abitur vorbereiten:

Greta Wegener *ist 17 Jahre alt und hat nach einer unbefriedigenden Schulzeit an wechselnden Schulen und einiger Zeit des Reisens 2020 das Abitur für Nichtschüler in Berlin abgelegt. Begleitet wurde sie dabei von Kern-Bildung. Heute studiert sie Physik an der TU Berlin.*

Als ich mit 15 Jahren aus der Schule rausging und mit meinem Vater und seiner Freundin im Bus in die große weite Welt aufbrach, war ich fest entschlossen, meine Allgemeine Hochschulreife autodidaktisch zu erlangen. Ich war hochmotiviert. Ich hatte mich von der Schule so angekettet und in meinen Interessen gebremst gefühlt, dass ich nun vor Vorfreude, endlich meine Neugierde ausleben zu können, nur so sprudelte! Unterstützend für diese (doch ziemlich große) Entscheidung war *Kern-Bildung*. Sei es bloß, dass sie bereits allein durch ihre Existenz bewiesen, dass Schulabschlüsse ohne vorherigen Schulbesuch eine ernstzunehmende Alternative zu der gängigen Vorgehensweise bieten; dass es auch noch andere Leute gibt, die sich für solch einen Weg entschieden haben und noch mehr andere, die ihn bereits erfolgreich gegangen sind. Ich meldete mich also zu Beginn bei Karen und Matthias an und telefonierte fortan wöchentlich mit ihnen, ich erzählte, was ich in der Woche so gemacht hatte und was zu machen ich noch plante. Nachdem ich meine Fächer gewählt hatte, legten sie mir zudem eine Handreichung an - also eine Sammlung aller für mich relevanten Lehrpläne. Für mich war das die Landkarte, an der ich mich orientieren konnte. Wenn ich mit einem neuen Fach begann, dann schaute ich immer zuerst in den entsprechenden Lehrplan. Ich hielt nach den Sachen Ausschau, mit denen ich noch nichts anfangen konnte (und zu Beginn war das in der Regel erstmal alles). Diese Begriffe recherchierte ich dann ausgiebig. Und so arbeitete ich nach und nach den gesamten Plan ab, bis ich irgendwann irgendwie alles draufhatte. Zudem arbeitete ich viel mit den Klausuren vergangener Jahre (die STARK-Hefte sind wahre Schätze!) - die ich immer wieder durcharbeitete, bis ich mich sicher fühlte. Meine neugewonnenen Freiheiten lebte ich genüsslich aus. Ich lernte, wann ich wollte und wie ich es wollte. Meine Devise war: wenn etwas keinen Spaß macht, dann mache ich es nicht richtig. So versuchte ich, mich zu keinem Zeitpunkt zu irgendetwas zu zwingen oder unter Druck zu setzen. Wenn ich mal keine Lust hatte, oder mir Motivation zum Lernen fehlte, nahm ich mir die Zeit, um mich selbst zu fragen: „Hey, was ist gerade eigentlich los? Warum willst Du nicht? Was brauchst Du?". Meistens stellte ich dann fest, dass mir irgendwo der Schuh drückte, dass es mir psychisch nicht so gut ging, oder mich irgendetwas störte. Ich nahm mir dann die Zeit (die ich ja hatte), um mich erstmal um mich selber zu kümmern. Außerdem erlaubte ich mir auch, immer wieder vom Weg abzukommen, den Lehrplan zu ignorieren und Exkurse in benachbarte Themenbereiche zu machen. Einfach, weil diese mich gerade interessierten. Und, weil ich es konnte. Und wenn ich mal mit einer Erklärweise oder einem Lehrbuchstil nicht zurechtkam, dann konnte ich ganz einfach das Medium wechseln und nach anderem Material suchen, das besser zu meinem Lernstil passte. Das Pauken fiel mir so nicht allzu schwer und machte Spaß.

Dennoch ist meine Vorbereitungszeit auch sehr anstrengend gewesen. Immerhin war ich zunächst zusätzlich mit der Herausforderung konfrontiert, keinen festen Wohnsitz mehr zu haben. Ich pendelte zwischen meinem Vater (welcher mit dem Bus gen Portugal reiste) und meine Mutter (welche in der Schweiz wohnte, aber oft aus diversen Gründen an den unterschiedlichsten Ecken der Welt war) hin und her. Ich lebte aus dem Koffer und wenn ich zwei Wochen an einem Ort verbrachte, war das eine lange Zeit. Das ist, kurzgesagt, auch sehr anstrengend gewesen und hat an mir gezehrt. So war ich entweder mit meiner psychischen Gesundheit beschäftigt oder mit meinem Abitur. Für etwas anderes war, meinem Gefühl nach, kein Platz. Nachdem wir nach einem Jahr wieder nach Berlin zurückkehrten, beruhigte sich die Lage ein wenig. Wobei ich das Reisen aber auch schnell vermisste, da ich nun nichts mehr hatte, was mich von meiner sich bald einstellenden Einsamkeit hätte ablenken können. Es war also eine Erleichterung für mich, als die Prüfungen endlich begannen. Zunächst wurde ich in meinen mündlichen Fächern getestet (Englisch, Französisch, Physik und Informatik). Das ist natürlich sehr aufregend gewesen - die Hälfte von dem, worauf ich mich zwei Jahre lang vorbereitet hatte, war plötzlich durch vier zwanzigminütige Gespräche innert drei Tagen einfach so abgehakt. Allgemein sind diese Prüfungen aber sehr gut verlaufen und ich hatte sogar richtig Spaß an der Sache. Die schriftlichen Prüfungen dann (Deutsch, Kunst, Mathe und Geschichte) verliefen leider nicht so gut. Ich tat mich nicht leicht darin, ein Gleichgewicht zu finden zwischen dem, was ich als relevant empfand, und was der Prüfungsausschuss eigentlich von mir hören wollte. Auch war ich, meinem Üben von Klausuren unter Zeitdruck zum Trotz, im Endeffekt doch immer wieder davon überrumpelt, wie schnell die Zeit wirklich verflog. So schnitt ich größtenteils ziemlich schlecht ab und wäre sogar durchgefallen, hätte ich nicht die Option gehabt, mündliche Nachprüfungen machen zu können. So unterzog ich mich noch zwei weiteren Tests in Deutsch und Mathematik, die zum Glück wieder erfreulich liefen. Und so war mein Schnitt gerettet und ich schaffte meinen Schulabschluss! Meine Vorbereitungszeit ist definitiv kein Zuckerschlecken gewesen. Die Entscheidung, die ich mit dem Schulaustritt traf, hatte Konsequenzen, die sowohl Privileg als auch Bürde gewesen sind. In jeden Fall aber gaben sie mir die

Chance zu einer ganz besonderen Eigenständigkeit und kamen einher mir Freiheiten, die ich nicht hätte missen wollen. So bin ich froh (und stolz), dass ich alles so gemacht habe, wie ich es gemacht habe.

***

Zu guter Letzt erlaube ich, **Luise Fuchs***, mir, meine eigenen Erfahrungen und meinen Hintergrund etwas weiter auszuführen, in der Hoffnung, möglichst viele Facetten deutlich zu machen:*

Die Entscheidung zum Abitur kam, nachdem ich nicht mehr in der Schule lernen wollte, die mich oft unterfordert hatte und in der ich mich nicht mehr wohl fühlte. Im Nachhinein betrachtet, wurde mir klar, dass es auch ein Wunsch nach Loslösung von der Peer Group war, deren Einfluss mir am Gymnasium zu groß wurde.

Vordergründig war ich von Jugendlichen einer demokratischen Schule in Holland sehr inspiriert. Ich verließ das Gymnasium im Winterhalbjahr der 11. Klasse mit einer Beurlaubung. Ein Lehrer, den ich gar ich gut kannte, setzte sich glücklicherweise dafür ein, dass ich diese erhielt. Eine Beurlaubung für einen Auslandsaufenthalt war der Spielraum, den meine Privatschule hatte, mich freizustellen und damit der Schulpflicht Genüge zu tun. Ich fing an, mich zu *entschulen (s. S. 70 – Deschooling)*, ich schlief aus, las viel, unternahm was mit Freunden, folgte meinen Hobbys und außer einem Spanischkurs (diese Sprache hatte ich nie in der Schule), beschäftigte ich mich ein paar Monate nicht mit „schulischen" Themen. Im **Frühsommer** fing ich an, ein Praktikum an der Namensforschung der Universität zu machen, das über mehrere Wochen lief. Ich durfte sogar eine Vorlesung mitgestalten, man übertrug mir verantwortungsvolle Aufgaben. Es gefiel mir, so am Erwachsenenleben teilnehmen zu können.

In der ganzen Zeit, bis zum Abschluss habe ich ab und zu als Babysitterin gejobbt. Zudem ging ich wie in der Schulzeit regelmäßig zum Schwimm- und Basketballtraining und meinem Klavierunterricht, ich war auch noch gelegentlich in der Jungen Gemeinde.

Als ich im **Sommer** keinen konkreten Plan hatte, welche Art von Ausbildung oder Studium ich genau machen wollte, entschied ich mich, das Abitur nun in Eigenregie durchzuziehen. Damit würden mir alle Chancen offenstehen. Und in die Schule wollte ich auf keinen Fall zurück. Ich meldete mich also an, ließ mir aber mit den konkreten Vorbereitungen noch etwas Zeit, u.a. für verschiedene Reisen.

2007 las ich einen Artikel über die damals erste Methodos-Gruppe in Freiburg. Für mich war ich aber sicher, dass es mir am meisten liegt, mich eigenständig und in meinem (meist etwas schnelleren) Tempo vorzubereiten. Ich hatte auch Kontakt zu jemandem, der die Abiturprüfungen gemacht hatte, aber durchgefallen war. Zu diesem Zeitpunkt kannte ich niemanden, der das Abitur alleine geschafft hatte. Das ließ mich allerdings nicht daran zweifeln, dass ich selbst es auf jeden Fall schaffen würde. Ich war bisher eine ehrgeizige Schülerin, hatte problemlos die 8. Klasse übersprungen und den kurz darauffolgenden Realschulabschluss mit 1,0 abgelegt. Das gab mir genug Zuversicht was die Stoffmenge und die Machbarkeit betraf.

Im **Herbst** unternahm ich dann Reisen nach England, an die demokratische Schule in den Niederlanden, die mich inspiriert hatte und nach Frankreich, um mein Französisch für die mündliche Prüfung zu verbessern.

Für die konkrete Vorbereitung nahm ich mir ca. vier Monate vor den schriftlichen Prüfungen Zeit. Ich fing also im **Januar** des Prüfungsjahres mit der intensiven Prüfungsvorbereitung an. Seit dem Sommer hatte ich mir mehr einen Stoffüberblick verschafft und Material besorgt.

Ich bekam viel Unterstützung aus meinem familiären Umfeld und von vielen erwachsenen Freunden. Ich muss jedoch auch sagen, dass es auch einige Skeptiker gab. Eine Schulfreundin hatte mir quasi mit Schulaustritt die Freundschaft gekündigt und meine Patentante hielt mich für so verloren, dass sie lieber gleich den Kontakt zu mir abbrach. Meine einen Großeltern machten sich teilweise Sorgen um mich, aber durch die räumliche Distanz wog es nicht so schwer. Mir wurde das mit Ende 20 deutlich, als ich beim Umzug einen Brief an mich fand, den mein Opa nie abgeschickt hatte. Er schrieb mir darin, dass er sich große Sorgen um mich machen würde, was denn aus mir

werden solle, wenn ich nicht mehr in die Schule ginge. Die an-
fänglichen Zweifel meiner Mutter (selbst Lehrerin) lösten sich
im Verlauf auf und sie unterstützte mich vor allem am Ende mit
ihrem Deutschwissen. Mein Vater, der zu diesem Zeitpunkt
eine demokratische Schule gründete, die dann auch kurze Zeit
lief, unterstützte mich von Anfang an auf meinem Weg. Sein
Vertrauen in das selbstbestimmte Lernen stärkte mir den Rücken. Unsere regelmäßigen Reflexionstreffen halfen mir, fest-
zustellen, ob ich genug gemacht hatte, wie ich vorankam mit
dem Lernen und was ich vielleicht noch an Unterstützung brauchen könnte.

Unterstützung erhielt ich durch regelmäßige Mathematikstun-
den mit meinem Großvater, einem didaktisch begabten ehe-
maligen Mathematikprofessor (FH) und gelegentlichen Konsul-
tationen in Biologie und Chemie von zwei mit meinen Eltern
befreundeten Lehrern und den prüfenden Lehrerinnen. Für die
Französischprüfung half mir die Reise nach Frankreich und die
Unterstützung einer französischen Freundin, mit der ich mich
zum Tee traf. Auf die restlichen Fächer bereitete ich mich alleine zu Hause mit Lehrplänen, Schulbüchern, alten Prüfungsaufgaben und anderen Materialien, vorrangig aus der Bibliothek, außerdem gelegentlich mit *Wikipedia* vor. Ich musste jeweils vier schriftliche (Deutsch, Geschichte als Leistungskurs
und Mathematik und Englisch als Grundkurs) und vier mündliche (Geographie, Französisch, Biologie, Chemie) ablegen.

Ich wurde einem Gymnasium in meiner Stadt zugeteilt. Diese waren zunächst skeptisch, da noch kaum jemand diese Prüfung je bestanden hatte. Ich freute mich, sie eines Besseren belehren zu können, insbesondere, als ich in den beiden Vorprüfungen, die ich mitschreiben durfte, prompt 14 Punkte erreichte. Die Lehrer reagierten fast alle positiv und waren bereit, mich zu unterstützen.

Die Prüfungen waren dann schon erschöpfend, da sie sehr kurz aufeinanderfolgten und ich natürlich ohne Vornoten hineinging. Aber mit 2,0 bin ich für eine Externenprüfung letztlich zufrieden, auch wenn ich vielleicht in einer Schule einen besseren Schnitt erreicht hätte. Aber das ist ja wirklich nichts im Vergleich zu all dem, was ich in meinem Freilernerjahr erleben durfte und der wertvollen Erinnerung an die vielfältige Unterstützung, die mir zuteilwurde!

Noch eine kleine Anekdote zu meinem Zeugnis: Da ich ja keine richtige Schülerin war, habe ich mein Zeugnis ohne Tamtam einfach im Sekretariat abgeholt. Die Mathematikleistungskurslehrerin und Oberstufenkoordinatorin gratulierten mir überschwänglich zu meinem guten Ergebnis – 1,5! Noch nie hätte das jemand so gut geschafft... Ich freute mich, stutzte aber etwas, da ich mir selbst die 2,0 ausgerechnet hatte. Als ich draußen vor der Tür alleine war, bin ich noch einmal alles durchgegangen und kam natürlich auf 2,0 – das konnte eigentlich jeder gleich erkennen! (Die Punkte wurden jeweils mit einem bestimmten Faktor multipliziert, je nach Wertigkeit der Fächer.). Da ich nun dieses sowieso schon besondere Zeugnis der „Allgemeinen Hochschulreife für Schulfremde" in der Hand hielt, dachte ich, wollte ich nicht in den Verdacht einer Fälschung geraten, zudem bin ich ein wirklich ehrlicher Mensch. Also ging ich noch mal rein und ließ es korrigieren – das „falsche" Zeugnis hätte ich als Erinnerung natürlich gern behalten, aber das änderten sie dann etwas betreten und wortlos und ließen es verschwinden.

Ich bin dankbar dafür, mich so entschieden zu haben und um die enorme Zeitersparnis, die ich dadurch mit echtem Freilernen füllen konnte (wozu ich zu dem Zeitpunkt wirklich intuitiv kam. Erst hinterher stellte ich fest, dass es andere auch so machen und es sogar einen Namen dafür gibt – und ich nicht einfach eine „Schulverweigerin" war).

Ich brauchte mein Abitur für zwei Studienbewerbungen, eines davon begann ich dann tatsächlich. Das erste nahm ich gar nicht erst auf, nachdem ich noch einmal sehr für das Freilernen inspiriert war, das ich im Buch „Das Teenager-Befreiungshandbuch" von Grace Llewelyn beschrieben fand. Als Erwachsene, die auf ihren eigenen Beinen stehen musste, konnte ich dann nicht alles so umsetzen und besann mich dann noch darauf, eine konventionelle Berufsausbildung zu machen.

Während meiner Studienzeit hatte ich dann noch einmal eine unverhoffte Freilernerphase, ermöglicht durch das BAföG und ein wenig verschultes Studium und natürlich die Freiheiten, die ich mir nahm. Ich konnte die erste Version dieses Buches sowie mein E-Book *Freilernbildung. Wie Homeschooling gelingt* wesentlich voranbringen.

Das Abiturzeugnis war ein Vorteil beziehungsweise Voraussetzung für meine Hebammenbewerbung. Als im Geiste Freilernerin war diese Ausbildung auch wirklich hart für mich. Aber ich bin froh darüber, sie beendet zu haben und jetzt so eigenständig arbeiten zu können.

V. UND NACH DER PRÜFUNG?

Herzlichen Glückwunsch – du hast die Prüfungen gemeistert! Jetzt geht es (wieder) um das, was dich wirklich interessiert oder was du wirklich machen möchtest.

Vielleicht nimmst du direkt ein Studium auf oder trittst eine Lehre an, da du nun den benötigten Schulabschluss besitzt.

Vielleicht brauchst du noch einmal eine Phase der *Entschulung*, denn letztlich sind die meisten Inhalte eines Abschlusses nicht wirklich lebensrelevant. Die wirklich wichtigen Dinge lernt man auf eine andere Art. Wenn du noch nicht ganz genau weißt, was du machen möchtest oder für dich eine Zeit des Reisens ansteht, kannst du dich durch das Folgende inspirieren lassen.

DER WALKABOUT

Nach meinem Abitur habe ich die Clonlara-Schule und deren Programm für Homeschooler kennen gelernt. Dort habe ich an Übersetzungen und in der Materialrecherche mitgearbeitet. Im Zuge dessen stieß ich auf das Walkabout-Programm, das von einer Aborigine-Tradition inspiriert ist. Der *Walkabout* ist ein Initiationsritual für Jugendliche, die zum ersten Mal ihren *Traumpfad* gehen.

Da ich damals die Walkabout-Idee inspirierend fand, möchte ich die Inhalte des Programms vorstellen. Vielleicht kannst du dein Orientierungs- oder auch ein Auslandsjahr unter das Motto eines Walkabout stellen.

Das Walkabout-Programm wurde 1974 von Maurice Gibbons an der Simon Fraser University in British Columbia/Kanada entwickelt und von verschiedenen High-Schools und in der Unschooling-Community wohlwollend aufgenommen. Es geht nicht darum, ob so ein Programm irgendwo angeboten wird, sondern dass du diese Idee für dich nutzen kannst.

Maurice Gibbons beschreibt fünf Kategorien von Herausforderungen/Prozessen. Von Clonlara wurde der Bereich der Berufserfahrung hinzugefügt. Es geht dabei um reale, nicht künstliche Herausforderungen (wie in der Schule), sondern darum, etwas wirklich Relevantes zu tun, Dinge, die an sich eine Lernerfahrung darstellen. Es geht um die Erweiterung oder Entdeckung des eigenen Talents und der Willenskraft. Um intrinsisch motiviertes, das heißt, von innen herauskommendem Lernen. Idealerweise wird das Ende dieser Phase dann mit einem Ritual oder einer Zeremonie im Kreis von Familie, Mentoren, Lehrer und Freunde gefeiert und der junge Mensch berichtet über seine Erfahrungen.

ADVENTURE - ABENTEUER: Eine Herausforderung, die die Sensibilität oder den Mut des jungen Menschen in eine neue Richtung bringt, ihm dabei hilft, eine Angst oder einen Widerstand zu überwinden.

CAREER EXPLORATION - BERUFSERFAHRUNG: Ein Einblick in ein Berufsfeld. Es kann sich um bezahlte oder unbezahlte Arbeit handeln, die einem Interesse des jungen Menschen in Bezug auf spätere Berufsrichtung entspricht oder einfach seine Kompetenzen schult.

CREATIVITY – KREATIVITÄT: Ein kreativer Prozess, der Ausdruck der Originalität des jungen Menschen ist. Eine Herausforderung, seine eigene Vorstellungskraft zu erforschen, zu kultivieren und in einer ästhetisch ansprechenden Form auszudrücken. Weitere Beispiele kreativer Projekte: Musik komponieren, Belletristik oder ein Sachbuch verfassen, Kunstwerke erstellen, bauen, Modellbau, Dekoration, Landschaftsgestaltung.

LOGICAL INQUIRY – LOGISCHE UNTERSUCHTUNG: Eine Herausforderung, der eigenen Neugier zu folgen, eine Frage oder ein Problem von persönlicher Bedeutung zu formulieren und eine Antwort oder Lösung systematisch und, wo immer angebracht, durch Nachforschung zu verfolgen. Eine literarische oder philosophische Studie ist genauso möglich.

PRACTICAL SKILLS – PRAKTISCHE FERTIGKEITEN (Handwerkliche/künstlerische/sprachliche Fähigkeiten): Entwickeln von Professionalität in einer bestimmten Fähigkeit, die den jungen Menschen unabhängiger oder fähiger macht, etwas in der Welt zu tun. Eine Sprache lernen (sprechen oder lesen), kochen, nähen oder Autoreparatur oder Buchführung lernen, sind einige Beispiele.

COMMUNITY SERVICE/GLOBAL AWARENESS-GEMEINNÜTZIGE ARBEIT:

Der junge Mensch wählt ein Problem in seinem Umfeld aus, bei dem es um das Wohlergehen von anderen geht und Fürsorge im Vordergrund steht, ohne dass dafür eine Gegenleistung erwartet wird.

***

Ich habe in dem Jahr nach meinem Abitur, das ich in Frankreich verbracht habe, ein auf diese Kategorien bezogenes Tagebuch geführt. Dadurch wurde für mich auch deutlicher, was ich gelernt hatte und das inspirierte mich dazu, Dinge zu tun, die ich vielleicht sonst nicht gemacht hätte.

Weitere Informationen gibt es zum Beispiel hier:

Gibbons, Maurice; Lazin, Sharlene (Hrsg.): *Walkabout Papers: Challenging Students to Challenge Themselves*

Gibbons, Maurice*: The Self-Directed Learning Handbook: Challenging Adolescent Students to Excel*

www.blakeboles.com/2012/07/walkabout-building-a-rite-of-passage-program-for-teen-unschoolers/

Ähnliche Ansätze verfolgen diese Projekte:

www.reiseuni.wordpress.com

www.classroomalive.com

www.wanderuni.de

www.zis-reisen.de

Nun hoffe ich, dass du wunderbar ausgerüstet bist, um deine Reise zu beginnen!
Ich freue mich, deine Geschichte der externen Prüfung oder des Freilernens zu lesen. Vielleicht landet sie eines Tages in einer weiteren Neuauflage oder einem anderen Buch von mir…
Du kannst mich über meine Website kontaktieren:
www.luisefuchs.de

Von Herzen alles Gute für dich!

ANHANG

Fernschulen und Bildungseinrichtungen

Abendschulen

Seminare in einzelnen Fächern zur Abschlussvorbereitung

www.abendschulen.info

Clonlara Schule Deutschland – Amerikanische Schirmschule mit deutscher Zweigstelle

www.clonlara.de

Flexibles, alternatives Fernschulprogramm insbesondere für Home- Education-Familien.

Unterstützung bei Abschlüssen: Lerngruppen/Betreuung über Telefon/Internet und in Präsenzgruppen. Alle Abschlussarten, auch High-School-Diploma möglich.

Flex-Fernschule

Breisach-Oberrimsingen/Süddeutschland, Nähe Freiburg

www.flex-fernschule.de

Individuelle Betreuung, heilpädagogisches Förderkonzept. Fernunterricht (Lernbriefe; Kontakt mit Flex-Betreuer, Unterstützung durch Begleitperson vor Ort) und Prüfungsvorbereitungstage vor Ort. Zusammenarbeit mit Jugendämtern. Relativ teureres Programm, nur durch individuelle Absprache für Freilerner interessant.

ILS -Institut für Lernsysteme

www.ils.de --- Hamburg

Staatlich zugelassenes Fernlernprogramm, das auch auf Schul-abschlüsse vorbereitet und zwei Mal im Jahr Prüfungstermine anbietet.

Kern-Bildung

Karen und Matthias Kern

www.kern-bildung.de -- Markdorf/Bodenseeregion

Unterstützung bei der Prüfungsvorbereitung.

Volkshochschulen

Seminare in einzelnen Fächern zur Abschlussvorbereitung

www.vhs.de

Angebote für den Haupt- und Realschulabschluss.

Web-Individualschule Bochum

www.web-individualschule.de

Haupt-, Realschul- und Fachhochschulabschluss. Unterricht per Computer und Videotelefonie; weltweit möglich.

Spezielles Angebot: Für Prominente (Fußballprofis, Musiker), Hörgeschädigte, Menschen mit Asperger-Syndrom, im Jugend-strafvollzug, Hochbegabte.

Einige deutsche Websites

www.schulfrei-community.de – schön und umfangreich gestaltete Info- und Mitmachseite

www.bvnl.de **Bundesverband Natürlich Lernen!**

www.freilerner-solidargemeinschaft.de

www.freilerner-kompass.de/kompass

https://infsb.de/ - **Initiative für Selbstbestimmte Bildung**

Viel Vernetzung findet derzeit auch über Facebook in offenen und geschlossenen Gruppen statt. Einfach den jeweils bevorzugten Begriff eingeben. Zum Beispiel in der Gruppe „Wir leben Bildungsfreiheit". Zudem gibt beim Messengerdienst *Telegram* offene und geschlossene Gruppen zum Thema Freilernen.

Deutsche Freilernertreffen

www.schulfrei-festival.de

www.septembertreffen.de

www.freilerner-festival.de

Nationale Organisationen anderer Länder

Frankreich: www.lesenfantsdabord.org (LEDA)

Großbritannien

www.educationotherwise.org

www.home-education.org.uk

https://hefestivals.co.uk/about/

Home Education Families´ Festival

Irland: www.henireland.org

Österreich: www.freilerner.at

Schweiz: www.bildungzuhause.ch

Spanien: www.educacionlibre.org

Niederlande: https://wij-leren.nl/

USA

Homeschooling Legal Defense Association (HSLD):
www.hslda.org

National Home Education Research Institute: www.nheri.org

Kanada

http://unschoolingcanada.ca/

https://thecanadianhomeschooler.com

Deutschsprachige Buchauswahl

Dies könntest du vielleicht deinen Eltern zeigen, wenn sie sich fragen, wie das überhaupt gehen kann. Ich habe die mir besonders wichtigen Bücher eingerahmt. Die Bücher, die ich besonders empfehlen kann, sind mit *** markiert.

Barson, Leslie Safran (Hrsg.): *Selbstbestimmtes Lernen und Bildung ohne Schule. Eine europäische Perspektive.* Educational Heretics Press 2006.

Edel, Jan: Schulfreie Bildung. *Über die Vernachlässigung schulfreier Bildungskonzepte in Deutschland.* Tologo Verlag 2013.

Fuchs, Luise: *Freilernbildung. Wie Homeschooling gelingt.* Amazon Kindle E-Book, aktualisierte Auflage 2016.

*** Gatto, John Taylor: *Verdummt noch mal! Der verborgene Lehrplan oder Was Kinder in der Schule wirklich lernen.* Genius Verlag 2009.
Eines der wichtigsten Bücher, um zu verstehen, was in der Schule wirklich passiert und es am besten wäre, ihr fernzubleiben.

Gillmour, David: *Unser allerbestes Jahr*. Roman. Fischer Verlag 2009.
Ein Jahr Homeschooling. Eine Vater-Sohn-Perspektive, war sogar mal auf der Spiegel-Bestsellerliste.

Griffith, Mary: *Ansteckendes Lernen. Rückblick auf unbeschulte Jahre*. Tologo. Edition Anahita 2011.

Griffith, Mary: *Das große Unschooling-Handbuch. Freilernen: Die ganze Welt als Klassenzimmer*. Tologo Verlag 2013.

Heimrath, Johannes: *Tilmann geht nicht zur Schule. Geschichte einer erfolgreichen Schulverweigerung*. Drachen-Verlag 1991.

*** Holt, John/Farenga, Patrick: *Bildung in Freiheit. Das John-Holt- Buch zum eigenständigen Lernen.* Genius Verlag 2009.
Mein Lieblingsbuch von John Holt, das aufzeigt, wie lernen eigentlich funktioniert.

Holt, John: *Wie kleine Kinder schlau werden. Selbstständiges Lernen und Denken im Alltag.* Beltz Verlag 2001. (vergriffen)

Holt, John: *Kinder lernen selbstständig- oder gar nicht(s)*. Beltz Verlag 1999. (vergriffen)

Hunt, Jan (Hrsg.): *Das Freilerner-Buch. Beobachtungen zum Leben ohne Schule.* Anahita 2009. (vergriffen)

*** Illich, Ivan: *Entschulung der Gesellschaft. Eine Streitschrift.* Kösel Verlag 1971.
Zu den philosophischen Grundlagen. Sehr spannend!

Keller, Oliver: *Denn mein Leben ist lernen – wie Kinder aus eigenem Antrieb die Welt erforschen.* Mit Kindern wachsen-Verlag 1999. (vergriffen)

Klemm, Ulrich: *Lernen ohne Schule. Argumente gegen Verschulung und Verstaatlichung von Bildung.* Hrsg.: Verein zur Förderung einer sozialpolitischen Arbeit, 2001/2009.

Kern, Karen; Mohsennia, Stefanie; Reichert, Gabi; Weimer, Heike: *Wir sind so frei. Freilerner-Familien stellen sich vor.* Tologo Verlag 2016.

Leuffen, Renata: *Natürlich ohne Schule leben. Eine Kid- Streitschrift gegen den Schulzwang in Deutschland aus dem Jahr 1993.* https://kurzelinks.de/idp3

Lindmayer, Lini: *Geht's auch ohne Schule? Auf den Spuren der Freilerner: Erfahrungsberichte von 15 Freilerner-Familien zwischen Schweden und Neuseeland.* Edition Riedenburg 2016.

*** Llewelyn, Grace: *Das Teenager-Befreiungshandbuch. Glücklich und erfolgreich ohne Schule*. Genius Verlag 2014.
Dieses ist einfach genial -für Jugendliche und Erwachsene!

Neubronner, Dagmar. *Die Freilerner. Unser Leben ohne Schule*. Genius Verlag. 2008.

*** Neufeld, Gordon; Maté, Gabor: *Unsere Kinder brauchen uns. Die entscheidende Bedeutung der Kind-Eltern-Bindung*. Zuletzt erschienen im Genius Verlag, vergriffen. Neuauflage in anderem Verlag geplant.
Für mich der beste Hintergrund, um Freilernen gut leben zu können. Vielleicht eher für deine Eltern geeignet oder wenn du schon älter bist.

*** Stern, André: *... und ich war nie in der Schule. Geschichte eines glücklichen Kindes*. Herder Spektrum 2013.

Thomas, Alan; Pattison, Harriett: *Informelles Lernen. Wie Kinder zu Hause lernen*. Tologo Verlag 2016.

Zięba, Bernice: *Kinder brauchen keine Schule. Das Handbuch für Homeschooling*. Tologo Verlag.

Einige englischsprachige Bücher

Holt, John (ed.) (1999): *Growing without schooling. A record of a grassroots movement.*

Kream, Rue (2005): *Parenting a free child: An unschooled life.*

Llewelyn, Grace/Silver, Amy (2001): *Guerilla Learning. How to give your kids a real education – with or without school.*

McKee, Alison (2002): *Homeschooling our children. Unschooling ourselves.*

Orr, Tamra B. (2003): *After Homeschool. Fifteen Homeschoolers out in the real world.*

Filme

Schulfrei. Ein Film über Lern- und Lebenslust von Anne Sono (2011).
www.annesono.com/schulfrei.html

Alphabet. Angst oder Liebe von Erwin Wagenhofer (2013).
Ein Dokumentarfilm über die zunehmende Konkurrenz in der Bildung mit einem Teil über Freilernen (Familie Stern).
www.alphabet-film.com

*** *Being and Becoming* von Clara Bellar (2014).

www.etreetdevenir.com/EED.de.html#Accueil

Dokumentarfilm über Freilernerfamilien in Nordamerika und Europa.

Mein Lieblingsfilm, sehr inspirierend und tolle Bilder, wie sich Kinder, die frei gelassen werden und genug Geborgenheit erfahren, entwickeln können.

CaRabA. #LebenohneSchule. Spielfilm von Katharina Mihm (2019). www.caraba.de

Zeitschriften

www.freilerner.de *Die Freilerner − Zeitschrift für selbstbestimmtes Leben und Lernen*